4

Hans Werner Henze
L'Upupa

P
V

Hans Werner Henze

L'Upupa

Nachtstücke aus dem Morgenland
Autobiografische Mitteilungen

Mit einem Vorwort von Peter Ruzicka

Propyläen

Illustriert mit neun Aquarellen
von Hans Werner Henze
Im Vorsatz die Zeichnung »Upupa«
von Antonio Pisanello

Propyläen Verlag
Propyläen ist ein Verlag des Verlagshauses Ullstein Heyne List
GmbH & Co. KG

ISBN 3-549-07201-5

Redaktion: Cornelia Kruse
Satz: OLD-Satz digital, Neckarsteinach
Lithographie: LVD GmbH, Berlin
Druck und Verarbeitung: Clausen & Bosse, Leck

INHALT

VORWORT

Der erfolgsverwöhnte Komponist, der alles erreicht
hat, längst Legende ist: Was soll er noch richten? Sich
nur mehr feiern lassen als Würdenträger und Grand-
seigneur? Die Ernte seines reichen Lebens einfach genießen? Oder doch noch einmal zur Feder greifen
und Neues schaffen, eine Oper gar? Der 76-jährige
Giuseppe Verdi, der dreißig Opern geschrieben hatte
und in seiner italienischen Heimat als Nationalheilig-
tum verehrt wurde, nahm zum guten Ende eine Ko-
mödie in Angriff, seine erste seit mehr als einem halben Jahrhundert, den *Falstaff*: „Alles ist Spaß auf
Erden" – „Tutto nel mondo è burla", wie es im ra-
santen Finale dieses wunderbaren Alterswerkes heißt.
Hans Werner Henze war 73 Jahre alt und gefeierter
Schöpfer von 28 Partituren für das Musiktheater, als
er 1999 wieder Opernpläne zu schmieden begann. Er
entschied sich für einen Märchenstoff, für die syri-
sche Fabel um einen Glücksvogel aus der Familie der
Wiedehopfe, die Upupa, der entflogen ist, gesucht,
gefunden und schließlich wieder freigelassen wird:
Das Schöne bleibt flüchtig und lässt sich nicht festhalten. „Ein deutsches Lustspiel aus dem Arabischen" nennt Henze sein spätes Werk, das für ihn zu-
gleich einen Aufbruch bedeutet. Erstmals hat er selbst
das Textbuch verfasst: ein überfälliger Akt, den viele
von uns, die seine glänzend formulierten Essays oder
seine fesselnden autobiografischen Mitteilungen, die

Reiselieder mit böhmischen Quinten, bewundern, schon lange erwartet und erhofft hatten.

Zufälle, Glücksfälle. Mit der Uraufführung dieses märchenhaften Lustspiels – *L'Upupa und der Triumph der Sohnesliebe* lautet der Titel – schließt sich ein Kreis. Denn bei den Salzburger Festspielen schrieb Hans Werner Henze schon einmal Geschichte, als seine Oper *Die Bassariden* 1966 hier ihre Weltpremiere feierte. Ich hatte damals, als Achtzehnjähriger, Gelegenheit, die Uraufführung mitzuerleben: Es war ein Meilenstein für das Musiktheater im 20. Jahrhundert – und ein Schlüsselerlebnis für meinen eigenen Weg. Danach wollte ich alles wissen, alles kennen, was es von Henze gab, und habe sogar begonnen, Musik zu schreiben, die sich an seinem Vorbild orientierte. Die Verbindung, die in diesen frühen Tagen wuchs, ist in den Jahrzehnten danach nie mehr abgerissen. Es ergaben sich weitere Berührungspunkte: Als Intendant der Hamburgischen Staatsoper verantwortete ich eine Neuproduktion der *Bassariden*, als Künstlerischer Leiter der Münchener Biennale durfte ich Henze im Amt nachfolgen, als Dirigent widmete ich mich in den letzten Jahre verstärkt dem symphonischen Frühwerk Henzes. Schließlich fügte es der Zufall, dass ich gerade in jenem Jahr 1999, als Hans Werner Henzes Gedanken um das *Upupa*-Projekt zu kreisen begannen, zu den Salzburger Festspielen berufen wurde. Es war eine meiner ersten Amtshandlungen, in Marino anzurufen und Henze zu fragen, ob das neue Stück nicht etwas für Salzburg sei. Und er zögerte keinen Moment, mir zuzusagen.

Über die eigene Musik zu sprechen, gar zu schreiben, ist für jeden Komponisten eine der schwierigsten Übungen. Hans Werner Henze bildet dank seiner universalen Begabung eine rühmliche Ausnahme. Er hat den Kompositionsprozess der *Upupa* mit einem Arbeitstagebuch begleitet: *Nachtstücke aus dem Morgenland* heißt es und wird nun in dieser schönen Ausgabe einem breiten Publikum zugänglich. Weit mehr als ein Brevier für Musikologen bieten Henzes hintergründige Aufzeichnungen. Ein Stück Zeitgeschichte, die Jahre 1999 bis 2003 mit ihren einschneidenden politischen Ereignissen, wird hier mit wachem Geist und scharfer Beobachtungsgabe geschildert. Weggefährten kreuzen die Bahn, verstorbene Freunde lösen sich aus Träumen, aus ferner Erinnerung, werden wieder lebendig. Und viele Fragen, die wir uns stellen mögen, finden ihre Antwort.

Mit poetischer Sprachkunst, skurrilem Humor und feiner Selbstironie erzählt Hans Werner Henze aus seinen letzten Lebensjahren, spinnt seine 1996 erschienenen Memoiren fort. Ein Hauch Wehmut zieht sich durch die *Nachtstücke* des „Alten", wie sich Henze nun selbst nennt. Und mündet endlich in die Erkenntnis eines wechselvollen und erfüllten Lebens: „Ein Mensch zu sein, scheint das große Vergnügen, nein, das Größte, das Einzige. Das einzig Erstrebenswerte auf der Welt."

Salzburg, im Mai 2003
Peter Ruzicka

9

Nachtstücke aus dem Morgenland

Autobiografische Mitteilungen

ancora per il Moretto di Berardone

Die Zeit bewegte sich. Leute, die damals noch nicht gelebt haben, werden es nicht glauben wollen, aber schon damals bewegte sich die Zeit so schnell wie ein Reitkamel, und nicht erst heute. Man wusste bloß nicht, wohin. Man konnte auch nicht recht unterscheiden, was oben und unten war, was vor und zurück ging.

Robert Musil, *Der Mann ohne Eigenschaften*

VORSPIEL

Januar 2003

Hächi Büm-Büm, das allgemein bekannte sorbische Schlitzohr, der böhmische Zauberkünstler, hatte schon in den späteren Neunzigern, beim langsamen Verklingen der *Reiselieder*, unauffällig das zerklüftete Latium verlassen und seitdem vorwiegend fränkisches Ackerland gepflügt, er konnte also die vorliegenden Texte nur von weitem lesen und beeinflussen. Andere Freunde und Mitarbeiter haben bei ihrem Entstehen gewirkt, und neue Erfahrungen und Erlebnisse am Wegesrande konnten eingebracht werden. Ihnen ist zu verdanken, dass diese *Nachtstücke* einen anderen Baustil haben und folglich anders tönen als die oft ganz weit in die eigene Vergangenheit zurückreichenden *Reiselieder*. Damit soll nicht behauptet werden, dass hier autobiografische Elemente völlig ausgeklammert oder ausgesperrt worden sind, im Gegenteil, sie kommen gelegentlich angesegelt wie Träume, wie Wolken, und werden folglich auch so dargestellt wie Träume, willkommene oder unerwünschte, wo sie nicht etwas gerade eben tatsächlich im Eigenleben Stattgefundenes zu berichten sich anstrengen.

Heute oder morgen oder erst in ein paar Wochen oder Monaten werden die Nordamerikaner den Irak angreifen, besetzen, entsetzen. Auf der ganzen Welt leben die Menschen beklommen vor Angst: ein Weltkrieg mag ausbrechen, Millionen sind in Lebensgefahr – unter ihnen auch die Soldaten der US-Army selber – und der uralte Konflikt zwischen geistig und stilistisch stark divergierenden Kulturen soll nun wohl noch einmal oder wieder einmal militärisch und mit geradezu massenhaften Quantitäten an Menschen- und Totschlagematerial ausgetragen werden.

Im Schatten dieser Bedrohung also gehen wir unserem Tag- und Nachtwerk nach, verschreckt, irgendwie schuldig, entsetzt: Wieder entsteht einem der zutreffende Eindruck, dass Sperrfeuer, Menschenverachtung, Tortur, Gewalt und der Bombentod unser Leben von Anfang an begleitet haben, ohne Unterbruch, mal näher, mal weiter entfernt, mal lauter, mal leiser, und nie damit aufgehört haben, und dass es den Frieden, diesen belagerungsfreien Zustand von Ruhe und Kontemplation, auf den wir so dringend angewiesen sind, eigentlich niemals wirklich gegeben hat. Es gab immer ein wenig Hoffnung, menschliches Streben, menschliche Bemühungen, und einige unter uns, Maler, Dichter, Komponisten, sahen und sehen es als ihre Aufgabe an, neue Konzepte zu entwerfen, um damit die im Dunkel der Gezeiten dahindämmernden Paradiese aufleuchten zu lassen und mit ihnen die mannigfaltigen Varianten biblischer Schauplätze und unendlicher Tatorte, Landschaften, in denen eine Stille vorherrscht, welche die Aggressionen zur Wirkungslosigkeit bringt und womöglich die Angreifer in die idiotische Einöde zurückjagen wird, aus der sie hervorgekrochen sind.

So kommt es zu diesen neuen Hirtenliedern, Eklogen und Dithyramben, in denen märchenhaft Vergangenes sein Vokabular neu entfalten mag, um sich mit seinen Signifikaten und Verankerungen, Versenkungen und Verwurzeltheiten an unserer Gegenwart zu messen und unserem elendig verarmten Dasein ein wenig aufzuhelfen aus der bittersten Not.

Der alte Mann

1. Kapitel

Marino, Mittwoch, 23. Februar 2000
Eine neue Oper: In den letzten Wochen wurde das erste Tableau hierzu durchdacht und skizziert (die erste Manuskriptseite trägt das Datum 16.1.2000), nun wollen wir heute mal ganz langsam und behutsam mit der Ausarbeitung beginnen. Es handelt sich um einen Monolog-Prolog: Ein alter Mann auf seinem Turm in einem halb vorhandenen, halb erfundenen Arabien, demselben Land, dem auch meine *Sechs Gesänge aus dem Arabischen* (1997) entstammen, hält Ausschau nach einem goldenen Wiedehopf, der ihm davongeflogen (nachdem der arg begeisterte Alte ihn versehentlich und ungeschickt gröblich behandelt hat, wovon eine ausgerissene Feder Zeugnis ablegt), er ist untröstlich ob des erschöpfenden und vergeblichen Wartens hier oben, es scheint, dass l'Upupa, die Entflogene, für alle Zeit davon ist. Er erzählt uns, dass er, um nicht vor Kummer zu sterben, seine drei Söhne ausgeschickt hat, auf drei verschiedenen Wegen die Suche nach dem märchenhaften Wesen zu betreiben. Dieser Prolog enthält gleich die vollständige Exposition, wir können also von seinem Schluss her die Zukunft der ganzen Erzählung entfalten, ohne zu späteren Vorkommnissen nochmals weitschweifige Erklärungen abgeben zu müssen.

Es herrscht heuer ein von kaltem Sonnenlicht durchstrahlter Winter, die Luft so klar, dass das Auge sogar

19

die vulkanischen Erhebungen im Norden Roms, in der Sabina, und im Osten, in den Abruzzen, gar die schneebedeckte Spitze des Gran Sasso d'Italia ausmachen kann. Die Notizen zum ersten Tableau von *L'Upupa* hatte ich auch bei mir, kürzlich auf einer mehrwöchigen Reise, sie lagen stets auf den Schreibtischen der Hotelzimmer und wollten immer aufs Neue angesehen werden, was von Zeit zu Zeit sogar möglich war. Und vergangene Woche habe ich in London jeden Morgen ganz früh komponiert, wenn es draußen noch dunkelte, und an der Gestalt des Alten gearbeitet. Er muss mit den Tränen kämpfen, einsam und verlassen, wie er ist.

Donnerstag, 24. Februar 2000
Die Musik stellt seinen Tränenfluss dar, seine Todesangst. Sie bewegt sich in einem ruhigen Grundtempo, in das auch Themen- und Farbwechsel eingefasst sind. Es gibt eine weite Mehrstimmigkeit, die wachsen oder schrumpfen kann in einem an kleinen und großen Sekundschritten reichen seriellen Kontext. Habe gestern alles nochmals von Anfang an am Klavier durchgearbeitet, kritisch beäugend und kontrollierend, was sich da in den letzten Wochen angesammelt hat – Seltsames, wie mir scheint. Aus diesen Fundstücken werden demnächst die wichtigeren, zur Entwicklung vorgesehenen Objekte herausgelöst: Vielleicht werden sie, jedes Objekt für sich, zu wesentlichen Bauelementen heranreifen. Jetzt sind sie erst einmal in ihrer Urform festgelegt. Im nächsten Tableau, dem zweiten, dem ersten Auftritt der beiden bösen Brüder, bleiben diese Vorgänge wohl erst noch mehr oder weniger unberührt. Schon das kleine Vorspiel hierzu soll auf eine so ganz andere Musik hinweisen, die jetzt zur Sprache kommt, kommen muss.

Heute (oder erst bei Neumond?) könnte ich versuchen, sie vorzuführen, es sei denn, ich mache vernünftigerweise bis Ende der augenblicklichen Mondzeit (am 6. März, Rosenmontag) Detailarbeit in den Particellen des Vorliegenden – da ist ja wohl fast alles ganz offen. Seit ich weiß, wer 2003 in Salzburg die Musik spielen wird, die Wiener nämlich, mit Markus Stenz, ist es leichter geworden, neue Klangvorstellungen für *L'Upupa* zu entwickeln. In meinem Fall kann die Vorstellung sich auf eine wunderbare Erfahrung stützen, nämlich auf die am 25. März 1995 in Wien erfolgte Aufführung von *Appassionatamente* unter Dohnányi, bei der ich gelernt habe, den stählernen Klang, zu dem dieses Orchester fähig ist, der ganze Häuserwände an den Rand des Einsturzes bringt, zu mobilisieren, als sei es etwas Unerhörtes, mich aber auch in die Weichteile dieses Klangkörpers einzufühlen und dort die Variabilität und den Reichtum der leisen Gefühle scharf zu beobachten.

Es gibt bisher im Libretto eine Aufteilung in neun Tableaus:

1. Der Monolog des von allen guten Geistern verlassenen alten Mannes.
2. Die drei Brüder am Großen Tor. Abschied.
3. Kasim der Held trifft seinen Dämon.
4. (a) Angsttraum des Alten. (b) Kasim auf der Insel Pate. (c) Überreichung der Upupa. (d) Die Reise nach Kipungani.
5. Nacht auf Kipungani (Kasim trifft Badi'at).
6. Zweiter Angsttraum des Alten.
7. Die Wunderkiste aus Matandoni.
8. (a) Beim Großen Tor. Wiederbegegnung der zwei bösen Söhne mit Kasim (und seinem Dämon) und Badi'at. Mordversuch. (b) Badi'at und Kasim im Brunnen. (c) Der Dämon als Retter.

9. Heimkehr, Wiederkehr und Freiheit der Upupa. Abschied vom Dämon.
(Dieser Aufbau wird sich wohl im Laufe der Zeit noch verändern, besonders gegen Ende.)

Freitag, 25. Februar 2000

Das Orchester: 3 Flöten (2. und 3. alternierend mit Piccolo, Alt- und Bassflöte)
3 Klarinetten (3. auch Bassklarinette)
3 Oboen (2. auch Oboe d'amore, 3. auch Englischhorn)
3 Fagotte (3. auch Kontrafagott)
4 Hörner, 3 Trompeten, 3 Posaunen (Alt, Tenor, Bass)
1 Tuba
2 Harfen, Klavier (vierhändig), Celesta, große Streicherbesetzung, Perkussion.

Es muss in den Graben des alten Festspielhauses passen. Werde vielleicht heute morgen das erste Zwischenspiel angehen, das einen Kamelritt darstellen möchte.

Montag, 28. Februar 2000, morgens früh

Übers Wochenende Bemühungen, die Beschaffenheit einer Musik herauszufinden, wie sie in ähnlicher Gestalt später ja wohl immer wieder einmal Zeichen von aktionsbedingten Veränderungen und Entwicklungen absondern soll. Die Musik muss uns zu verstehen geben, dass sie unter anderem den Ritt von drei Rennkamelen darstellt, dessen Eigenschaften, gewachsen, geläutert, auch in der Schlussmusik wieder erscheinen sollten: bei Kasims Ritt zur letzten Begegnung mit dem (namenlosen) Dämon.

Habe etwa fünfzig Prozent davon skizziert (alles ohne Zuhilfenahme des Fortepiano) und erkannte (nicht ohne Vergnügen) in den Skizzen angedeutet einige eben ins Leben hinausblinzelnde Ton-Rekruten, wie Bilder im Kaffeesatz einer Wahrsagerin. Man zwinkerte mir zu, während mein Gedankenexpress vorüberratterte. Muss nun bald umsteigen und langsamere Wägen wählen für dieses Zwischenspiel (das ich natürlich nicht den achtzig Tage langen Kamelritt nennen möchte, sondern, vielleicht auf Grund eines eben erst aufgetauchten, mich aber interessierenden – zufällig zukunftsgerichteten – rhythmischen Signals: Courante). Und will dann auch etwas von den festen Werten jenes alten Tanzes einbringen, vielleicht ist es der Herzschlag des alten Mannes, der gegen das Leinengewebe seines Kaftans pocht, mal leise, mal, bei Aufregung, lauter. Wer weiß, was daraus noch werden mag.

Etliche Bauelemente sind schon hinzugekommen. Ich kann sie, bei der Entwicklung des Particells vom ersten Tableau, verdeutlichen, entwickeln, je nach Sachlage. Der Monolog des Alten (der mit freiem Sprechen beginnt und sich dann über den Sprechgesang hinweg auf freien Gesang, das freie Lied zu bewegt) ist getragen von einer einzigen Stimmung, einem einzigen Tempo, begleitet von einem unablässigen Tränenstrom. Die Hörer lernen womöglich in diesem ersten Tableau die Grundstimmung der ganzen Chose kennen, also die Melancholie des Alten, seine Sterbensmüdigkeit, seine vielleicht etwas infantile (senile) Torheit. Von Anfang an (das heißt seit Jahr und Tag) gab es auch gewisse Vorstellungen von Phasen mit *musique concrète*, *bruitages* und Ähnlichem. Im Augenblick sind es fünf, und ich weiß auch schon, wie ich bei ihrer Konkretisierung vorgehen muss. Eine solche Phase (die immer wieder auftauchen könnte, in gleicher Gestalt oder gewandelt) wäre gleich für den Anfang zu gewinnen, schlicht und einfach aus dem schwirrenden Fluggeräusch eines Wiedehopfs. Daraus ließen sich Überlappungen erzeugen, Kanons, verschiedene Höhenlagen, ein Zauber, etwas sinister, und ganz gewiss immer nur von kurzer Dauer. Auch die zarten, schüchternen, pastellenen Rufe der Upupa, Einklangstriolen im Frühlingsnebel, die ja ohnehin schon in der Musik des ersten Tableaus angespielt und ersten kompositorischen Betrachtungen unterzogen wurden, ist für einen Augenblick, vielleicht fünfzehn Sekunden lang (viel!), konkret zu hören: Wir machen eine Vielstimmigkeit daraus, es tönt auf unterschiedlichen Höhen, aber es muss leise bleiben, ganz wie in der Natur, und immer ein wenig wie aus der Ferne kommen, mal näher, dann wieder ganz weit weg. Hieraus ist ja wohl gegen den Schluss, wenn der Held Kasim die Entflogene heim zum Vater bringt, noch Erweiterung, Vertiefung und mehr Farbe (Gold) zu erfinden, großer Gott, was da alles noch so an Fürchterlichem auf einen zukommt! Ja, und da sind die großen Glocken im sechsten Tableau, zu deren Begleitung Prinzessin Badi'at von den körperlichen Vorzügen unseres Helden mit begeisterter Anerkennung zu singen und zu sagen weiß. Erst hört man nur zwei *tocchi*, zwei Anschläge, und die zwei Töne (d und e) setzen sich fest und fort, erreichen andere Tonhöhen, bis schließlich die ganze Insel Matandoni, auf der sich diese Episode abspielt, davon erfüllt sein wird, eine besondere Art von Lobgesang.

In den Wintermonaten sind die Weinberge und Ölbaumwälder hier in unserer Gegend besonders am Wochenende ein Tummelplatz für die örtlichen Vogeljäger. Es ballert und donnert – dabei gibt es keine Elefanten im Garten, sondern nur Bachstelzen, Rot-

kehlchen, Schwarzdrosseln, Meisen, Tag- und Nachtigallen, ihre kleinen Leichname fallen herab auf die
Wiese zwischen Patronenhülsen und Pulverdampf,
zerfetzt von gewaltigen Kugeln, die selbst im Gebrauch gegen den gemeinen Christenmenschen als
ein bisschen zu dick und übertrieben zu nennen wären. Von dem höllischen Lärm, den diese Explosionen verursachen, möchte ich ein paar Tonaufnahmen machen und daraus, in der gleichen Technik
wie bei den vorhergegangenen Einspielungen, das
mörderische Tun des mit Recht gefürchteten Diktators von Matandoni polyphon nah und fern darstellend, eine fürchterliche Musik voller Schrecken und
Katastrophen. Ein Glück, dass die Upupa zuvor in
Sicherheit gebracht wurde – sie befindet sich an jener
Stelle ja schon in den behutsamen Händen des ritterlichen Kasim.

1. März 2000
In der Früh um fünf heult und pfeift es ums Haus und
will gar nicht mehr aufhören. Ich, ganz still, im Dunkel, lasse mir nichts anmerken. Gestern begann die
Particell-Ausarbeitung: Hier muss sich der Stil nicht
nur des ersten Tableaus etablieren, sondern des ganzen Stückes – es werden wohl alles Abweichungen
vom Grundmaterial sein. Habe die Skizzen zum Nachspiel des ersten Tableaus nicht zu Ende geführt, will
erst mal sehen, wie die Szene sich selber entwickelt,
und dann erst, wie es hinübergeht ins Nachspiel, Zwischenspiel, Vorspiel, das den fröhlichen Ritt auf Expresskamelen wiedergeben soll ... vielleicht kann ich
damit beginnen, wenn es Neumond ist, nächsten
Samstag oder so. Das zweite Tableau selbst muss dann
voller Komik sein: Kasims böse Brüder sind ja doch eigentlich mehr oder weniger richtige Clowns.

25

In den letzten Tagen nichts an den Particellen getan, irgendwas sträubte sich, außerdem hat es einen verrückten Scirocco gegeben mit (echt libyschem) Wüstensand, die Welt war grau und schwarz, mit Donner und Blitz. Hagel donnerte auf die Ewige Stadt. Anschließend kam Clemens Wolken herauf, wir wanderten ein bisschen in den frisch gewaschenen Weinbergen herum und ich berichtete von den (geringfügigen) Anfängen des ersten Tableaus. Clemens, Student der Musikgeschichte an der Universität Tor Vergata, war ja die ganze Zeit bei der Entstehung des Librettos zugegen. Im Winter 1997/98 haben wir daran herumgebastelt, und Clemens hat mehrere gute Ideen beigesteuert, besonders die mit dem Apfel, eine dramaturgisch ganz entscheidende Wendung, die unserem wunderbaren Stück eine zusätzliche mythische Komponente zuführt. James (unser Whippet) war mit von der Partie, meistens an der Leine geführt, um ihm Konflikte, Beißereien mit streunenden Hunden und plötzliche Überfälle auf unschuldige Pelztiere zu ersparen, wie etwa die *felices domestici* der guten Frau Nachbarin, *la signora Livolsi*. Der gute James war aber trotzdem recht zufrieden mit unserem Spaziergang. Kasims böse Brüder werden zum zweiten Tableau und bei Neumond (also schon morgen?) als zwei chinesische *buffoni* hergerichtet, ich kann schon einiges hören. Das ist so weit kein Problem, nur muss ich jetzt bremsen und zur Ausarbeitung des ersten Bildes zurückkehren, wo der arme Alte mit den Tränen kämpft. Vermutlich hat er die Zehn Gebote verletzt.

Dienstag, 7. März
Tatsächlich beschäftigt ihn noch immer recht sehr das Verschwinden des Flügeltiers; das ist ihm ein exis-

tentielles Problem geworden, es führt zwangsläufig und geradewegs zum Einsiedlertum. Er muss daran denken, wie oft auf seinem Wege Dinge des Lebens aufgehört haben zu existieren. Figuren verlieren an Farbe, sie verblassen, ihre Konturen lösen sich auf, Menschen, auf die man Wert legte, riefen nicht mehr an, entfernten sich *sans laisser d'adresse.* Leere entstand, und es galt Trauer zu tragen.

Sonntag, 12. März

Täglich, frühmorgens anfangend, ganz friedlich an der Ausarbeitung des ersten Tableaus gesessen. Es eilt nicht, und das ist recht erfreulich. Am Freitag Vormittag mit dem Ehepaar Renate und Matthias Winner, dem Kunsthistoriker, in die Villa Borghese gegangen, um – nach Jahrzehnten! – die Werke wiederzusehen, die früher, das heißt Anfang der sechziger Jahre, mich so begeistert hatten, und die dann für Jahrzehnte nicht mehr zu betrachten waren. Sehr viel Publikum, darunter auch Schulklassen, rührend anzuschauende Menschlein. Wie diese Renaissance-Meister Form und Sujet sinnvoll in ein Spannungsverhältnis zu bringen wussten, das ist wirklich imposant, man muss staunen, und es ist doch auch lehrreich, gerade für Leute, die sich mit Musik beschäftigen. Der von Bernini erfundene Körper der Persephone, der sich der brutalen Umarmung des Pluto zu entwinden versucht (man glaubt ihre Hilferufe zu vernehmen), hat etwas von einer Winde, Schulter und Rücken streben ins Freie, zentrifugal. Ihre rechte Hand: ein Schild, mit dem der Kopf des Aggressors zurückgestoßen wird, die Linke wie ein Vogel, ein Fluggerät, das sich in entgegengesetzter Richtung davonmachen würde, wenn es nur könnte. Oder Apollo und Daphne: die Wurzeln schlagende Nymphe, aus der das Laub wild hervorsprießt, wie etwas, das erst vor wenigen Tagen seinen Anfang genommen hat. Diese Steine sind andauernd in Bewegung, halten keine Minute still, wohl auch nicht bei Nacht. Ich denke an das steinerne *action photo* von Marcus Curtius, dem Reitersmann, den Bernini 1618 auf ein springendes Ross von Anno 1 v. Chr. montiert hat, also anderthalb Jahrtausende später: die Figur eines fliegenden, stürzenden Jünglings, Ikarus, vielleicht der Inbegriff des jugendlichen Sterbens (wie im Fall des Protagonisten, der in meiner alten Oper *Venus und Adonis,* 1993/95, als Sternenbild rein und tot auf die ihm entgegenstürzende Welt herabblickt). Im ersten Bild von *L'Upupa* gibt es harmonisch viel vom alten Wohlklang (wahrscheinlich aus der Jugendzeit des alten Mannes stammend) und eine den vokalen Mitteilungen des Sängers folgende Bewegung der Instrumente, oder besser eine Anzahl von Bewegungen und Gesten, die sich peu à peu etablieren, während sie nach Identitäten suchen, Gestalten, Vokabeln, Abbildungen, Abziehbilder von der Gefühlswelt des Alten.

In den letzten Tagen in Rom verschiedentlich Freunden und Nachbarn vom Libretto erzählt, nicht zuletzt, um anhand der Reaktionen zu erfahren, wie die Geschichte auf den Mitmenschen wirkt, wie sie „ankommt". Alles freut sich! Oder ist so lieb, so zu tun als ob. Das ist nicht entmutigend. In der Villa Borghese auch die Wiederbegegnung mit der zauberhaften, nur mit einem extravaganten Hut bekleideten Venus von Lucas Cranach d. Ä. (um 1531). Der Amor mit der Honigwabe reicht ihr gerade einmal bis an die Kniekehlen.

Lektüre: Stendhals *Rossini*, Isaiah Berlins *The Power of Ideas*, Stephen Walshs neues Strawinsky-Buch. Und Foscolos *Sepolcri* (worin eine Upupa auftritt, die nachts einem Totenkopf sich entwindet und schreckliche Schreie ausstößt, eine Todesbotin – „mein Amt ist herrlich, wenn auch gefährlich", wie es in Zellers *Vogelhändler* heißt). Der Dichter Foscolo ist da aber einer Mystifikation zum Opfer gefallen, denn eine richtige *upupa*, ein richtiger Wiedehopf, der schläft bei Nacht und stößt keine Schreie aus (das tut er nicht einmal bei Tag, er kann halt nur seine oben erwähnten „zarten, schüchternen, pastellenen Rufe, Einklangstriolen im Frühlingsnebel"). Es ist anzunehmen, dass der olle Foscolo unseren Zaubervogel mit dem nokturnen Kauz verwechselte – einer *civetta*, sehr nützlich zur Bekämpfung von Ungeziefer, dürfte nie verfolgt oder gefangen genommen, geschweige denn an ostwestfälische Scheunentore genagelt werden –, der ja wirklich von Zeit zu Zeit im Stockdunkeln wie am Spieße schreit (dabei ist es ja gut gemeint, es geht doch um die Liebe, nicht wahr?).

Noch immer mit der Partitur von Tableau eins beschäftigt, nicht einmal bis zur Hälfte der Ausarbeitung gelangt. Allerdings fliegen die Tage dahin wie nichts Gutes. Fausto Moroni beschwichtigt mich, den säumigen Schuldner, erteilt Ablässe und Lizenzen. Gibt Hinweise auf des Alten schon bestehendes, ziemlich umfangreiches Œuvre der vergangenen Jahrzehnte, allerdings will auch das nicht viel helfen.

22. März 2000
Ein Brief aus Köln, für den schönen Hund in Marino.

Dear James,
morgen schon gegen Mittag kommen wir zurück. Die Reise war kürzer als eine Woche und führte uns zunächst nach Frankfurt (einer Örtlichkeit mit hohen, silbergrauen und blauen Türmen, worin Papier gemacht wird, ein Stoff, den man in Hundefutter, Bürs-

ten, Halsbänder etc. umtauschen kann) und gestern dann nach Köln am glitzernden Rhein entlang, an dessen Ufer hier und da der Weißdorn blühte. Du hast mir natürlich wie immer die ganze Zeit über gefehlt, und ich habe auch andauernd an Dich gedacht wie immer und mir wie immer Vorwürfe gemacht, dass ich Dich nicht mitgenommen habe. Aber Du hättest Dich doch gelangweilt und gefürchtet in Francoforte, nicht wahr? Die Autos, ihr Gestank, ihr Lärm, der harte Stein unter den Pfoten, die wahnsinnig zahlreichen Zweibeiner, ihr Gestank, das alles hätte ja doch wohl nichts als deinen Missmut und Wirrnis erregen können, und Heimweh, und die Flucht in den Schlaf. Sie spielen dort eine fünfzig Jahre alte Oper von mir, Boulevard Solitude, sehr schön von einem Zweibeiner namens Nicolas Brieger inszeniert und ganz lebendig und spannend dirigiert von einem ebensolchen, aber erst 25 Jahre alten Kapellmeister namens Debus, Johannes. Morgen werde ich Dir alles erklären und außerdem die Arbeit zu Bild eins wieder aufnehmen. Es ist schon Vollmond gewesen; ich bin also wieder mal verspätet.

Samstag früh, 25. März, wieder in Marino
Es friert den Alten, er hustet aus voller Brust, es geht ihm sozusagen nicht gut. Aber James hat ihn verhältnismäßig freundlich begrüßt bei der Rückkehr, und auch Kater Fumo hat ein Auge zugedrückt und ist ihm gleich am ersten Abend in den Schoß gesprungen, um der traditionellen Zärtlichkeiten teilhaftig zu werden.
Ist der Winter noch nicht vorbei?

27. März 2000, früh
Eben meldet Fausto die Ankunft des Upupa-Pärchens – es ist an seinem Fenster vorbeigezischt. Nun ist also

doch Frühling! Und die Musik kann unter guten Auspizien ihren Fortgang nehmen: Heute werde ich den Übergang von des Alten Arie (worin er seinen Sohn Kasim ob seiner Tugenden preist) in die *Cavatina* machen, worin der Alte sich die Reise seiner drei Söhne vorstellt, die nach seiner Rechnung heute das Große Tor erreicht haben müssten, hinter dem die Scheidewege liegen.

Nachrichten: Eugenio Montales Gedicht aus *Ossi di Seppia*, Clemens brachte es, und Annalisa Arca' brachte ein Büchlein über König Salomon und Bilqis, die Königin von Saba, das ich nun studieren werde: die Upupa kommt ja zu meiner freudigen Verwunderung auch darin vor, und zwar als göttliche Botin.

5. April, Neumond

Partitur des ersten Tableaus abgeschlossen. Gestern alles dem vorbeischauenden Peter Ruzicka gezeigt und erklärt, welcher erfreut schien und rote Wangen bekam.

Das Nachspiel dieses langen Prologs wird für den Umbau benutzt werden; ich muss aufpassen, keine weiteren Längen aufkommen zu lassen, muss kürzen, zusammenfassen.

Neun Tableaus, neun Bilder, die irgendwie alle nicht viel länger – lieber kürzer! – sein sollten als zehn Minuten im Schnitt, sodass wir eine Gesamtdauer von anderthalb Stunden nicht wesentlich zu überschreiten bräuchten, und man das Ganze vielleicht gar ohne Pause spielen könnte.

Marino, 19. April

Etwa die erste Hälfte des zweiten Tableaus skizziert. Hier gibt es viel Sprechgesang, um das Kantabile nicht vorzeitig zu verschwenden. Gharib ist zum Kontratenor aufgestiegen und Adschib zu einem hohen Spieltenor (buffo), möchte sie so grotesk machen, wie ich nur kann. Wenig später werde ich Adschib die Kontratenorpartie (in der Altlage) zuschieben, und Gharib wird zum Bassbuffo geworden sein. Im Orchester viel chinesische Perkussion. Beim Abmessen des ersten Bildes auf über zwanzig Minuten gekommen, ich muss also versuchen zu kürzen. Das Libretto ist zu gesprächig, nimmt und setzt zu viel Musik voraus. Der Kamelritt findet nicht statt, das heißt, wir sehen oder hören ihn nicht, wir haben keine Zeit, ihn als großes Orchesterzwischenspiel vorzuführen. Die Verwandlung auf dem Theater, vom Alten Turm zum Großen Tor, kann ja in ganz kurzer Zeit, in Sekundenschnelle, vonstatten gehen. Beabsichtige, den zweiten Teil des zweiten Tableaus, das Kartenspiel der bösen Brüder, mit Elementen des Kamelritts zu versehen (soweit schon vorhanden). Wenn ich diese Szene hinter mir habe, muss ich eine kleine Verwandlungsmusik machen, die uns auf den kahlen Berg begleitet, auf dem der Dämon unseren Kasim erwartet.

Altern als Problem (nach Gottfried Benn): Nach einer Stunde Komposition ist man total fertig, alles dreht sich (wie das Mühlrad im Kopfe), man muss rumlaufen, auch im Regen oder im Wüstenstaub, vergeblich im Adressbuch blättern, die Zeitung lesen mit den deprimierenden Schlagzeilen, besonders jene, die den Sturz der linken Koalition betreffen und den erschreckenden Wahlsieg des rechten Lagers.

Marino, 3. Mai 2000
Nur ganz geringe Fortschritte in der Musik. Es regnet und es pfeift ein eisiger Ostwind. Der Alte schaut sorgenvoll heraus in die nasse Welt, in der die Rosen schon nach einigen Tagen verfaulen, vergebens hält

er Ausschau nach dem Upupa-Paar, dessen Ankunft doch schon am 27. März gemeldet worden ist. Auch ihre Stimmen sind nicht zu hören, der frühlingshafte, frühsommerliche Ruf, oder bin ich schon so taub, dass er mich einfach technisch nicht mehr erreicht?

Gharib und Adschib beim Kartenspiel, beide laut denkend, das ist die nächste kompositorische Aufgabe. Kann erst nach der München-Reise erfüllt werden. Heute noch Vervollständigung des davor liegenden Abschnitts voller Rezitative, Anreden ans Publikum, ähnlich wie der Alte es zu Anfang des ersten Tableaus gemacht hat.

Marino, 22. Mai, eiskalt und regnerisch
Mitte des Monats in München an einigen Biennale-Ereignissen teilgenommen, aber keine neue Musik gehört. Jobst Liebrecht (der Berliner Kapellmeister, der meine Partitur ins Reine schreibt) und ich besuchten die Instrumentensammlung des Superperkussionisten Stefan Blum (oder Estéban Flor, wie er seit einem Madrid-Gastspiel von *El Cimarrón* vor einigen Jahren auch heißt) und suchten eine Auswahl von wunderbaren, vorwiegend asiatischen Instrumenten aus, mit der Absicht, sie in den Orchesterklang von *L'Upupa* zu integrieren und wohl auch gelegentlich als einzige Begleitung zu den Sprech- oder Sprechgesang-Stellen zu verwenden. München leuchtete dank meiner neu eingesetzten Linsen. Trotz der wunderbaren Kastanienblüte und dem hellen, immer leicht föhnigen Licht und trotz Peter Ruzickas, wie mir schien, exorbitanter Darstellung von „Ein Sturm" (erster Teil meiner Sinfonie Nr. 10) war der Alte voller Heimweh nach Marino, wo die Hunde James, Anastasia, Svegliarino und der Kater Fumo unserer harren, nicht zu erwähnen die frischen Gemüse und Früchte.

Am 17. Mai sang Ian Bostridge abends in Marino die *Sechs Gesänge aus dem Arabischen*, und Julius Drake spielte den schwierigen Klavierpart mit Überlegenheit und schönem Ausdruck. Wiedersehen mit alten Freunden aus der Kunstwelt Roms und sogar mit einigen noch jungen Leuten. Anschließend getafelt bei Vollmond, was sehr gut zum letzten Gesang passte: „Das Paradies", so ein schönes Gedicht von Hafis.

Vor ein paar Tagen hat ein Wiedehopf ganz laut gerufen und mich wohl zunächst nicht bemerkt. Ich versuchte, ihm zuzuschauen bei seiner Morgenmusik, aber eine kleine Bewegung von mir reichte aus, dass er verstummte und mit der beleidigten Miene einer Operndiva davonflatterte, ohne Panik, ohne Eile, aber gekränkt.

Vorgestern haben Adschib und Gharib angefangen, sich ins Kartenspiel zu versenken – Kasim ist ja schon fort, auf dem Pfade, der ohne Rückkehr ist. Sobald ich am Schreibtisch saß, traf die Musik bei mir ein, als hätte sie nur, wie ein Patient im Vorzimmer, darauf gewartet, in die Ambulanz gerufen zu werden.

Donnerstag, 30. Mai
Infolgedessen die Szene durchskizziert, die Arbeitslust ist glücklicherweise ein klein wenig gestiegen, und zu meiner unsäglichen Genugtuung sind bei der Arbeit einige Klänge herausgekommen, die mich direkt ein bisschen begeistert haben: Es ist, als wäre da andauernd so was Ähnliches wie ein Gesang zu hören, ein Singen oberhalb der Vorgänge im Graben und auf der Bühne, man glaubt minutenlang alten Nachhall, Nachklänge zu vernehmen, aus dem längst verschollenen, nicht mehr nennbaren, in Undeutlichkeit zurückfallenden Hinterland des Unbewussten stammend. Gleich ne-

34

La Leprara, Marino

benan residiert das Unterbewusstsein. Ja, diese obertonreiche Klangwelt hat etwas zauberhaft Bewegendes, vielleicht ist es so was wie eine übergeordnete, theoriefreie Harmonie. Weiß nicht, ob ich noch mehr davon erfahren will oder ob ich die Dinge lieber erst mal noch auf sich beruhen lasse.

20. Juni 2000

Viel Trauer wieder, versetzt mit einer seltsamen Einsamkeit, die wohl als ein Symptom des Alters zu sehen ist, also das Übliche. Trotzdem das zweite Tableau durchskizziert, und augenblicklich mit der Erstellung eines für Jobst Liebrecht in Berlin zwecks Reinschrift der Partitur notwendigerweise gut lesbaren Particells beschäftigt. Am 29. werden Fausto und ich nach London gehen, ich denke, ich kann das Particell bis dahin fertig stellen. Wunderbares Sonnenlicht und frischer Westwind. Die Thrombosebeine stören bei der Arbeit, müssen bewegt werden, verhindern die früher mögliche Kontinuität beim lustvollen Tun.

London, 6. Juli

Vorgestern hier das Particell vom Schluss des zweiten Tableaus fein ausgearbeitet und fertig gestellt. Viele Änderungen und Zusätze im Text. Und am Schluss überkommt die beiden *figli di puttana* eine arge Angst, auf Grund der über sie hereinbrechenden Nacht, sie hüpfen und tanzen wie verrückt. Und so beschließen sie, auf die Wagnisse zu verzichten und eher eine Art gemütlicher Etappe zu organisieren, in der man sich wohl ganz dem Kartenspiel und dem Bier widmen wird. Spätestens an dieser Stelle haben wir alle bemerkt, dass Adschib und Gharib hundsgemeine Armleuchter sind, auf die man sich auf keinen Fall verlassen darf. Sie haben die List und die Dreistigkeit von Hooligans, die Komik von Galgenstricken. Aber ich habe ihnen trotzdem das ganze zweite Tableau gewidmet (es musste halt sein) und sie dabei sozusagen abgewickelt, wir wissen schon, dass sie weder Bruder- oder Vaterliebe kennen, noch so etwas wie Zuverlässigkeit oder Treue. Sie sind liederlich und doof, ganz wie die Liederlichen und Doofen im Kino, nur gefährlicher – zwei teuflische *buffoni* (womöglich aus einer schwarzen Commedia dell'Arte), aber eher doch dann wohl wieder einfach zwei *villani*, *villains* aus Stratford, Fallingbostel oder Hoyerswerda. Kasim und Badi'at, die noch viel unter ihnen werden leiden müssen, tun gut daran, am Ende der Oper dann die methodischen Details ihrer Bestrafung festzulegen, nämlich eine lebenslange Beschäftigung mit Abschaum und Kot, irgendwas, das schlimmer noch ist als nur der simple Tod.

Zurück zum zweiten Tableau: Die beiden Schwerenöter haben sich in ihre Decken gehüllt und sind eingeschlafen, ein Glück! Nun kann es weitergehen, und ich muss eine Einleitung machen für das dritte Tableau: Der Dämon sitzt schon auf dem hohen Berg, sein langes Haar erschwert ihm den Blick, Kasim wird es alsbald kürzer schneiden. Ich muss jetzt die beiden Figuren, Kasim und seinen Dämon, mit eigenen Zeichen versehen. Kasim hat ja im zweiten Tableau schon einige Grundgestalten abgesondert, nur über die Hauptsache, die Musik des Dämons, der ja doch wahrscheinlich ein Engel ist und auch irgendwie zu der Begriffsgruppe Bruderliebe gehört, wurde noch nicht nachgedacht. Es glimmert ein bisschen in einiger Entfernung, der Dämon hat ja (wie jedermann) seine guten Seiten, und an diese halten wir uns eben, aber wie tönt das? Das Unaussprechliche, das Unsagbare, findet es wirklich in der Musik statt? Es sollte dort zu suchen und zu finden sein. Und der Dämon ist ein zivilisierter, eleganter junger Tenor. Ich muss mir einen Vokalstil einfallen lassen, worin John Mark Ainsley und die Gestalt des Dämons (eines Engels und Fluggeräts) sich zu einem Begriff zusammenfinden.

Kasim ist unser Held. Er macht immer alles richtig, ist furchtlos, hat ein Herz und eine Seele. Glückliche Geister (drei Knaben) begleiten ihn auf seiner Reise. Die kann man zwar nicht sehen, wie bei Mozart, möglicherweise aber kann man sie hören, indirekt, nicht zuletzt auf Grund meiner großen Begeisterung für Kasim. Also den Anfang machen mit dem Vorspiel zum dritten Tableau. Es muss laut und grässlich beginnen, aber wir brauchen auch so eine seelenlandschaftartige Tiefe, mit viel Wurzelwerk weit unten verbunden. Aus diesen Tiefen muss man dann wieder heraus, und hinauf über mehrere Stufen, oder wie auch immer hinauf auf den kahlen (oder nur mit Buschwerk bewachsenen) Berg, wo seit drei Tagen Kasims Dämon auf dem nasskalten Boden hockt (kein Wunder, dass er nachher oftmals niesen wird müssen) und dort, wo der Wind pfeift, Kasim erwartet, seinen ihm zugewiesenen Schützling.

2. Kapitel

Ormai tre volte l'upupa
Dall'alto sospiro'

Antonio Somma, *Un ballo in maschera*

London, 29. August 2000
Nach Abschluss der Skizzen zum dritten Tableau ist
man wieder mal in den Norden gezogen, wo es kühl ist
und wo man stirnrunzelnd verschiedene Zeichen von
Müdigkeit entdecken und sogar nicht ohne Empörung
eine gewisse Art krankhafter Erschöpfung an sich
selbst beobachten musste. Habe die Skizzen nicht mit-
gebracht, obwohl ich ja eigentlich hier vierzehn Tage
lang täglich an der Ausarbeitung hätte sitzen können
(was ich dann aber vermutlich doch nicht getan hätte).
Wollte diese wohl halt lieber erst wieder in Marino betreiben (hatte ja dort auch schon damit begonnen –
und die Sache relativ vergnüglich gefunden. Sie wird
sicher noch sechs bis acht herbstliche Wochen benötigen), um an einer anderen unterhaltsamen Partitur zu
werkeln, einer Arbeit, die von einer *Scorribanda* handeln soll, einem Raubzug aus der römischen Marato-
na-Musikszene (1955 für Luchino Visconti entwor-
fen). Roderick Watkins hilft mir mit den Noten, geht
dem Alten zur Hand – was für ein freundlicher
Mensch das doch ist! Er hat mir zum Beispiel vorberei-
tenderweise ein Particell in C von den in die Suite auf-

40

zunehmenden Teilen dieser Ballett-Theater-Musik angefertigt, auf dessen Basis ich nun eine gewisse Orchesterstrategie entfalten und entwickeln müsste. Nur weiß ich bisher überhaupt noch nicht wie!

London, 7. September
Vorige Woche die britische Erstaufführung meiner Sinfonie Nr. 9 in der (ausgebuchten) Albert Hall. Meister Ingo Metzmacher dirigierte, ganz subtil und sublim seine Energie und seine Partiturkenntnis entfaltend. Chor (Berliner Rundfunk) und das BBC Symphony Orchestra waren wunderbar amalgamiert, und ich war tief berührt. Wie schön, die Verse von Hans-Ulrich Treichel. Hörte aufmerksam zu, schon auf der Generalprobe, vielleicht um Anregungen zu sammeln für die Bilder aus der Märchenwelt, der Märchenzeit der Wiedehopf-Oper.

Ruhe auf der Flucht (sozusagen): Mit den Sinfonien Neun und Zehn habe ich meine Distanz zur so genannten Moderne (oder was man sich und ich mir darunter mal so vorstellte) noch ein wenig vergrößern und verdeutlichen können. Die Unabhängigkeit hat sich erweitert und gefestigt (alles ein bisschen spät, muss man sagen) – oder ist es nur, dass die Stücke besser werden am Schluss, ein wenig deutlicher dekliniert und direkter, wobei sie nach wie vor (oder mehr denn je) von ganz unten, aus einer schwarzen unbekannten Substanz herausgelöst werden müssen, von dort, wo auch die Furcht und die Not beheimatet sind?

Tereus aber, von Schmerz und Rachsucht beflügelt, wird zu einem Vogel, auf dessen Scheitel sich ein Federbusch erhebt. Überlang springt ihm statt eines Speers der Schnabel vor. Wiede-

41

hopf heißt der Vogel. Sein Anblick erinnert an einen gewappneten Krieger.

Ovid, *Metamorphosen*, Buch VI[1]

New York, 6. Oktober 2000

Am 17. Februar 1600, morgens früh, fünf Uhr, sagt man, es war noch dunkel, wurde Giordano Bruno, der visionäre Häretiker, aus dem päpstlichen Kerker, der Galera Tor di Nona, herausgeholt und auf den Campo de' fiori geschleppt. Er schrie auf dem ganzen Wege die stärksten Kränkungen und die wildesten und hochmütigsten Ausdrücke der Verachtung für die Büttel und Priester aus sich heraus, die ihm andauernd Heiligenbilder hinstreckten, wohl damit er sie küssen und sich trösten möchte, bis man ihm einen Nagel in die Zunge schlug, da konnte er nicht mehr schimpfen. Das Blut strömte ihm in den Bart und tropfte auf die schmutzige Kutte und auf das Kopfsteinpflaster, die Arme waren ihm ausgerenkt worden und hinter seinem Rücken zusammengefesselt. Die Stunde der Hinrichtung war deswegen so früh angesetzt worden, heißt es, weil vermieden werden sollte, dass große Menschenmengen sich einfin-

---

[1] Zitiert nach der Prosaübersetzung von Gerhard Fink, Frankfurt am Main 1992. Tereus, König der Thraker, ist in der griechischen Sage der Gemahl von Prokne, Tochter des athenischen Königs Pandion. Er vergeht sich an deren Schwester Philomela und schneidet ihr anschließend die Zunge heraus, damit seine Tat nicht bekannt werde. Philomela aber stellt die Schandtat in einem kunstvollen Gewebe dar, woraufhin Prokne aus Rache den Sohn des Tereus, Itys, tötet. Als Tereus die Schwestern verfolgt, wird Prokne von den Göttern in eine Nachtigall, Philomela in eine Schwalbe und Tereus in einen Wiedehopf verwandelt.

42

den. Aber es sind trotzdem viele Leute herbeigeeilt, hauptsächlich Kardinäle, Bischöfe und kleinere Geistliche, und Papst Clemens VIII. erscheint als oberster göttlicher Richter und als Zeuge Gottes. Sieht zu, wie das (klein gehaltene) Feuer dem nunmehr entkleideten Dissidenten an seinem Marterpfahl langsam und gnadenlos die Füße zerstört, bevor es weiterbrennt und sich nach oben hin ausbreitet. Der Dissident hat Mühe, den Kopf von den Kruzifixen wegzudrehen, die seine ekstatisch mitleidigen dominikanischen Brüder ihm noch immer hinhalten. Endlich, so hoffen wir, scheint es ihm gelungen zu sein, durch den Rauch am giftigen Qualm zu ersticken.

Seit Monaten verfolgt mich spionenhaft schleichend der Gedanke an diese Vorgänge, über die in den alten und neuen Büchern in aller Welt mit penibler Genauigkeit berichtet wird. Man kann sich ein Bild machen von dem absolut barbarischen Milieu, in dem sich diese Schweinereien abspielten, im Namen des Allmächtigen! Mein Gott! Was waren das für Leute, diese Erfinder der inquisitorischen Strafmaßnahmen, der Misshandlungen, der Peitschenschläge, der Torturen[2], wie zum Beispiel der heute hier und da, etwa in den afrikanischen Exkolonien noch üblichen, ja geradezu obligatorischen *five strokes with the cane*? Waren das wirklich Menschen, die solche unheiligen, heillosen Methoden ersonnen und ausgeklügelt haben bis ins letzte Detail, Methoden, bei denen Schmerz und Tod als tiefste göttliche Demütigung figurieren, als Vollzug des himmlischen

---

[2] Schon bei einigen Prozessen in der ersten Hälfte des 13. Jahrhunderts angewendet, wurde die Tortur definitiv von Innozenz IV. genehmigt (päpstliche Bulle *Ad Extirpanda* vom 15. Mai 1252).

Willens? Ja, sie waren es, wirkliche Menschen, Fleisch und Blut, so wie du und ich.

Chronologie der Barbarei – nur ein paar Beispiele:

Zwischen 1278 und 1691 wurden 100 Katharer und 200 Waldenser[3] in Verona und Graz bei lebendigem Leibe verbrannt, ebenso 356 Juden in Madrid, Sevilla, Mallorca und in Portugal, 29 Protestanten in Valladolid und Sevilla, weiterhin 898 Personen, die man der Hexerei, Ketzerei oder Gotteslästerung bezichtigte, in der Provinz von Como, in Bormio, im Valcamonica-Tal, im spanischen Logroño, in Oppenau, Wiesensteig und Obermachtal – darunter auch der böhmische Prediger und Theologe Jan Hus sowie der Universitätsprofessor Balthasar Hubmaier. Zwischen dem 14. Jahrhundert und Ende des 17. Jahrhunderts

---

[3] Katharer (griechisch: die Reinen): in Italien Gazzoni, in Frankreich Albigenser, wegen ihrer Verbreitung auf dem Balkan auch Bulgaren genannt, eine den Manichäern verwandte, streng asketische Sekte, die sich seit Ende des 10. Jahrhunderts im südlichen und westlichen Europa ausbreitete. Durch die Inquisition und die Albigenserkriege wurden sie im 13. und 14. Jahrhundert regelrecht ausgerottet. – Waldenser: religiöse Laienbewegung des 12. und 13. Jahrhunderts, zuerst in Südfrankreich und in der Lombardei, später auch in Westdeutschland, Böhmen, Ungarn und Polen. Ihr Stifter war der reiche Kaufmann Petrus Waldus in Lyon, der sein Vermögen an die Armen verteilte und seit etwa 1176 als asketischer Laienprediger in Armut Christus und den Aposteln nacheiferte. Er und seine Anhänger wurden 1184 aus der Kirche ausgeschlossen und seit dem 13. Jahrhundert, ebenso wie die Katharer, von denen sie manches übernahmen, durch die Inquisition vernichtet. Nur in Italien haben sich die Waldenser-Gemeinden erhalten und seit Erlangung der Religionsfreiheit im Jahre 1848 sogar wieder vermehrt.

wurden außerdem umgebracht: 4031 Juden in Sevilla und Belalcazar, 27 römische Bürger, etwa 17000 Protestanten in Flandern und 24 in der Slowakei, 49 Freigeister im spanischen Guadalupe und etwa 8450 Waldenser in Kalabrien und in der Provence.

Verschiedene Foltermethoden: die Garrotte, ein Halseisen, mit dem in Spanien und in den ehemaligen spanischen Kolonien die Hinrichtung durch Erdrosseln des Opfers vollzogen wurde; die Mastektomie, bei der man das Drüsengewebe der weiblichen Brust durch eine glühende Zange zerstörte; die so genannte Nürnberger Jungfrau, eine Maschine zur langsamen Zerquetschung des menschlichen Körpers; die Katzenpfote, auch als Spanischer Kitzler bekannt, ein Gerät von der Größe einer Hand, mit dem das Fleisch des Opfers in Fetzen gerissen und bis auf die Knochen abgeschabt wurde; die Turcas, eine Vorrichtung zum Ausreißen und Zerquetschen der Fingernägel. Bestialisch auch das Rad: Das nackte Opfer wurde mit ausgestreckten Gliedmaßen auf den Boden des Richtplatzes gelegt und an Pfosten oder Eisenringen festgebunden, woraufhin man Querhölzer unter die Handgelenke, Ellbogen, Fußknöchel, Knie und Hüften schob und der Henker dann Glied für Glied, Gelenk für Gelenk, Schultern und Hüften zerschmetterte, tödliche Schläge aber vermied. Danach wurden die zerschlagenen Glieder in die Speichen eines großen Rades gewunden, das man in horizontaler Lage auf einem Mast befestigte; der Tod kam nach den wahrscheinlich längsten und grausamsten Leiden, die Menschen einander zufügen können. Ähnlich barbarisch die Pfählung, bei der man einen Holz- oder Eisenmast aufstellte, auf den man den Verurteilten setzte; der Pfahl durchbohrte ihn langsam vom Anus her und trat an der Schulter oder aus dem Hals wieder heraus; das Cavalettus, ein pyra-

midenförmiger Klotz, der oben spitz zugeschnitten
war und auf den das – manchmal mit Gewichten be-
schwerte – Opfer durch einen Seilzug auf Anus, Vagi-
na oder Skrotum hinabgelassen wurde; die Viertei-
lung, bei der man den Verurteilten zwischen jungen
Baumstämmen festband, die man zuvor heruntergebo-
gen hatte. Indem sie zurückschnellten, zerrissen sie
ihm die Glieder. Aus der Antike ist das so genannte
Pferd oder Stier des Phalaris überliefert: Man sperrte
den Delinquenten in der metallenen, hohlen Nachbil-
dung eines Pferdes oder Stieres ein, unter der man ein
Feuer entzündete. Die Schreie des Opfers drangen aus
dem Maul der Attrappe und klangen wie Tiergeschrei
– manchmal sollen auch Flöten oder Pfeifen dort befes-
tigt worden sein. Aus späterer Zeit ist der englische
Strang bekannt, an den man gehängt wurde, bis man
quite dead war. Außerdem noch das Strecken in der
Wippe, wobei dem Verurteilten die Arme nach hinten
über den Kopf gedreht und an den Händen zusam-
mengebunden wurden. Dann hängte man ihn an den
Handgelenken in einiger Höhe auf, brachte ihn mit
Hilfe eines an den Füßen befestigten Seiles in eine
Schräglage, woraufhin man ihn „wippte" oder zog –
ausgerenkte Schultergelenke und Sehnenrisse waren
die Folge. Beliebt war es auch, die Opfer Tieren zum
Fraß vorzuwerfen, indem man sie kopfüber an einen
Galgen zwischen zwei ebenfalls angebundene, ausge-
hungerte Hunde oder Wölfe hängte. Aus dem Islam
schließlich kennen wir das Begraben bei lebendigem
Leibe, bei dem nur der Kopf frei blieb, um entweder
gesteinigt oder von Termiten oder streunenden Hunden zerfressen zu werden.

Kasim nun ist ausgezogen, alle diese Übel zu bekämp-
fen und abzuschaffen!

New York, 4. Oktober 2000
Central Park South, Essex House, room 803
Man sieht von hier oben mancherlei Vögel, sie segeln, wiegen sich im Aufwind, welche Arten sind es?
Wilde Tauben, Krähen, Elstern? Erste Verfärbungen
des Laubs. Die klaren Farben des Himmels, die Türme auf der West Side im morgendlichen Sonnenglanz
wie Festungen in der Wüste, Befestigungen, Ab-
sprungsmöglichkeiten. Christoph v. Dohnányi und
Cleveland: Requiem in der Carnegie Hall. Unglaublich hart, unbarmherzig die Lesart des Maestro. Viele
verließen den Saal noch vor Schluss, zu meiner Be-
sorgnis, meinem Kummer. Das hatten wir noch nie
und nirgends, besonders nicht bei diesem Stück. Seltsam, schrecklich. Gern denke ich in diesem Zusammenhang an eine zauberhafte Mitarbeiterin des Inten-
danten, glücklich von ihrer Aufgabe durch und durch
erfüllt, und das Lockenköpfchen heftig schüttelnd:
Christine Kuhr, eine Hexe.

Kyoto, 29. Oktober, Ende der Sommerzeit
Clemens Wolken hatte ja angeregt/angeordnet, dass
ich (mangels anderer Themata) ein Reisetagebuch
führen möchte, vom 22. Oktober, dem Datum des
Abflugs nach Japan, bis zum 5. November, dem Tag
der Rückreise. Hätte das ja eigentlich auch gern gemacht, es schien mir dann nur nicht so sehr attraktiv,
weil ich immer so fürchterlich müde war und viele
Sorgen hatte. Das kam wohl von der Beendigung der
Partitur des dritten Tableaus. Habe ja immerzu gearbeitet, noch vor Sonnenaufgang fing es an und ging
bis zur völligen Apathie, die meist schon so nach zwei
bis drei Stunden einsetzte und den Rest des Tages
ausfüllte. Olly Knussen war die letzten Tage vor der
Abreise zu Besuch in Marino, und wir wurden von

englischen TV-Leuten (Dennis Marks und Barry Gavin) gefilmt, wie wir beide da so lässig vor uns hin plauderten.

Großen Eindruck machte mir beim Herflug auf der östlichen Route das langsam den ganzen Horizont einnehmende Heraufziehen des Morgenlichts über der Mandschurei, ein psychedelisches Feuerrot. Am ersten Morgen in Tokyo, ganz wie vor 34 Jahren einmal, der Besuch des Meiji-Schreins, wohin die Leute pilgern, die um etwas zu beten haben, um irgendeine Lösung und Erlösung, um ein wenig Glück, ein ganz bescheidenes. Auch für andere Personen kann man dort etwas erbitten. Weitere Eindrücke: Die ätherische Schönheit der Kaiserin, oder das Gewaltige der ins Unermessliche wachsenden Stadt, die sich seit meinem letzten Besuch (vor beinahe einem halben Jahrhundert) an Ausdehnung und Einwohnerzahl verzehnfacht zu haben scheint. Die Ginza, damals noch rudimentär und unordentlich, wirkt nun wie die 5th Avenue von Manhattan. Hier lief auch am Samstag, dem 4. November, erstmals in der Geschichte Tokyos, die Siegesparade der japanischen Baseballmannschaft *The Giants*, in Anwesenheit von etwa 4000 hingerissen applaudierenden jungen Tokyoten beiderlei Geschlechts. Ein Verkehrspolizist stoppte den Konvoi schwarzer Limousinen, die morgens am 26. Oktober zum kaiserlichen Palast rollten. Die Autos hielten an, um den Lauf eines jugendlichen Joggers nicht zu unterbrechen, und erst als er vorübergejoggt war, winkte der Verkehrspolizist uns weiter. Das gefiel mir.

In Kyoto dann besuchen wir, mit Hilfe und durch Vermittlung von Toshiro Saruya, einem jungen Kollegen, als Erstes das buddhistische Kloster Jodo Shinshu Hongwanji-ha (ein Tempel für *Die wahre Lehre vom Reinen Land)* und bewundern die fein gearbeiteten Wand- und Deckenmalereien, die vorwiegend aus dem 12. und 13. Jahrhundert stammen und von großer Kunstfertigkeit sind, unsterbliche Szenen aus dem Leben der Sterblichen, spazierende Herren und Damen mit und ohne Sonnenschirm und -hüte, welche die Landschaft betrachten, das Tageslicht und die feine Regenluft genießen und die schönen künstlichen Gärten und Bäume, Ahorn, Nadelholz, uralte Hügel, zierlich gewölbte Brücken. Und dann gibt es auch Dämonen, ja, und Tiger, Panther, Löwen, Jaguare, Symbole für das Männliche, Gefährliche, Verführerische. Oder wir dürfen uns in Nara im Yakushiji-Tempel, einem Meditationszentrum, von einem Zen-Schüler einen bittergrünen Tee bereiten lassen, während er selbst, am 13. Tage seiner Fastenübungen, immer noch ohne Lebensmittel auskommen muss – und will, und möchte (es sei denn, er gäbe auf, kapitulierte, weil die niedrigen menschlich-animalischen Triebe ihm dann am Ende doch noch ein Schnippchen schlagen) – und den Mysterien entgegenstrebt, die er am 21. Tage in einem höheren Bewusstseinszustand zu erkennen und zu erreichen hofft. Er ist sehr schön und heiter auf seinem schlaflos und meditativ eingeschlagenen Weg, da sind Martyrium und Ekstase völlig ausgeschaltet, ausgeklammert. Still! Gelassenheit ist das Ziel. Der Abt zeigt uns die Gebäude und Kunstwerke (die seit Jahren von der UNESCO protegiert, restauriert und damit, wie mir schien, einstweilen vor der Aggression der Neuen Zeit bewahrt sind. Man nennt diese Gebäude, Kunstwerke und Objekte „international cultural assets"). An einige der Zen-Gärten und Tempel Kyotos erinnerte ich mich noch von damals, an ihnen hatte sich seit 34 Jahren nichts verändert. Wenn sich was verändert hat, dann bin ich es, dem allerdings die Tränen in die Augen schießen bei dem Gedanken, dass das alles schon da war, damals, 1966, wie bereits seit Jahrhunderten, und dass es den Leuten aus dem West End (wie zum Beispiel mir) nicht gegeben ist, mehr als diese respektvoll anbetende Haltung in den Schoß der Empfindlichkeiten zu legen, um den tieferen Ursachen dieser fremden, schönen, eindrücklichen Kultur nahe zu kommen. Der Westmensch hat da, nicht zuletzt mit den Schwierigkeiten des Christentums belastet, als ein (wenn auch noch so bemühter und vielleicht durch kulturelle Neugier motivierter) Tourist (umständehalber) draußen zu bleiben!

Ein paar Tage in Hakone, zu Füßen des in dichten Nebel gehüllten Fujiyama, wo es Tag und Nacht regnete und die heißen vulkanischen Quellen nichts konkret Sichtbares produzierten außer relativ anmutige Wolkenbildungen.

Ein Traum bleibt stecken im Gemüte: Auf der Suche nach Trinkwasser erreicht der Alte einen kleinen landwirtschaftlichen Betrieb im südöstlichen Latium, und dort sitzt draußen im Freien, in einer blechernen Badewanne, der schöne Kater Battista, der totgeglaubte Erzeuger meines geliebten Fumo! Battista wurde jedoch vor etwa zehn Jahren im Herbst von einem der hoch kultivierten und eleganten Marineser Vogeljäger barbarisch erschossen, von den Bewohnern der Leprara indes nie vergessen, eines der charmantesten Säugetiere aller Zeiten. Und Fumo (Rauch), ein Sohn, ein Halbblut (denn seine amtliche Mutter Salome, Mrs. Battista, verschwand ja auch schon damals von dieser Welt, noch vor Empfängnis unseres Fumo), ist nun mein allerbester und witziger und etwas sonderbarer Abendgenosse, den man aufgrund seines Hanges zur Schwermut nie sich selbst überlassen sollte. Daher auch diese neue Unruhe, betreffend Fumos des Empfindlichen Feierabende, die nun daheim in Marino ohne den Alten zu bewältigen sind.

So viele schöne Mädchen in Japan! Clemens würde wohl durchdrehen vor Begeisterung und dann nur noch der Qual der Wahl unterworfen sein. Auch die Knaben sind, sobald sie sich über den Ansehnlichkeitsdurchschnitt erheben (und das geschieht halt doch auch von Zeit zu Zeit) voller Anmut und Zauber. Musste deswegen oft an Clemente denken, möchte ihm raten, das Japanische zu erlernen (nehme an, dass die Mitgliedschaft in einer japanischen Familie nicht ohne gesellschaftliche Anstrengungen erreicht werden kann – so etwas ist vielleicht nicht immer nur gemütlich) ...

Aber nun zurück zu Vater Battista in der Badewanne: Er schnurrte vor Zufriedenheit und badete sein tiger- und löwenhaftes Fell und drehte und dehnte sich und würdigte mich keines Blickes. Daraus konnte ich mühelos schließen, dass er zufrieden war (er sang sogar irgendwas, vielleicht von Donizetti) und sich eigentlich nichts anderes wünschte, als von mir in Ruhe gelassen und nicht angequatscht zu werden. Salome saß ganz am äußersten Bildrande, bescheiden wie eine japanische Hausfrau, geneigten Hauptes. Leider klingelte dann der Wecker.

Nochmals Kummer und Tränen: Die größeren deutschen Tageszeitungen, sie kommen ja immer zwei bis drei Tage später hier aufs Land, aber die Nachrichten über Xenophobie in unserer Heimat, dem Lande der Poeten und Halsabschneider, der Widerwärtigen, der schweißfüßigen Killer, sie kommen stinkend und blödsinnig heran und erfüllen dich mit Schrecken und Trauer. Wer hätte gedacht, dass bei uns, in meinem Herkunftslande, noch einmal (nach einem halben Jahrhundert) so beschämend bestürzende Rückfälle in Nazi-Ideologien und -Praktiken aus der „Kampfzeit", Chauvinismus, Antikommunismus und dergleichen hätten möglich werden können, wie sie jetzt geradezu an der Tagesordnung sind? Ich hatte gedacht, dass jede Art von Rassismus, jede Form von Ausländerfeindlichkeit bei uns ein für allemal vorbei, überwunden und vergessen sei, dass also eine jahrzehntelange schwere Trauerarbeit ernsthaft und mit Erfolg getan und den neuen Generationen ein desinfizierter Stall bereitet worden sei, in dem die neuen Väter ihre hübschen und begabten Sprösslinge zu modernem, zukunftsträchtigem und demokratischem Denken aufziehen könnten.

In diesen japanischen Tagen, meist in Hotelzimmern, fiel der betrübte Blick des Öfteren auf meinen am Nagel hängenden schwarzen Großstadthut, einen von der Art, wie sie manchmal bei Begräbnissen zu sehen ist. Jedes Mal ein leichtes Erschrecken; ein neues Memento mori! Zu Hause ergreift bei seinem Anblick der Kater Fumo immer blitzartig und panisch die Flucht. Am 4. November morgens um elf gingen der Fausto und ich in Tokyo in das schöne alte Kabuki-za Theater in der Ginza, schauten *Kajiwara Heizo Homare No Ishikiri* an, ein Stück aus dem Jahr 1730, das anfangs nur als Puppenspiel gedacht, dann aber, nach mehrfacher Bearbeitung, heute auch als Schauspiel zu bewundern ist (die Erstaufführung fand 1775 in Osaka statt, in Tokyo wurde es 1795 erstmals gezeigt). Wir freuten uns über den Darsteller von Kazue (im Kabuki-Theater werden die Frauenrollen ja ausschließlich von Männern gespielt), der mitgiftlosen armen Tochter des alten Rokurodayo, über so viel – von althergebrachten Spielregeln in Grenzen gehaltene – Ironie und Komik und technisches Können.

52

Hatte den Eindruck, dass der Regisseur, dessen Name im Pogrammheft nicht erscheint, sich bemüht hat, die Zeit (die Spielzeit) zu raffen, sodass das Wechselspiel von Musik und Gesprochenem hier und heute kurzweiliger abläuft als damals, als ich noch jung war (wenn auch bereits als Anhänger der Kabuki-Kunst unterwegs). Bemerkte auch, dass ich damals und später bewusst oder unbewusst so manches daraus gelernt und absorbiert habe, begegnete also einer Variante meiner selbst, erkannte mich wieder – das fand ich ja so weit ganz nett, wenn nicht auch hier, quasi in der Kleiderkammer der Kabuki-za hängend, wieder dieser alte schwarze Hut gewesen wäre ...

Wieder in Marino, 9. November 2000
Niederschläge. Niedergeschlagenheit, Erschöpfung. In der Post nichts Neues. Einstweilen im Köpfchen nur Unordentliches für die *Scorribanda*, die jetzt in Angriff genommen werden muss.

20. November
Wenig ist getan worden. Stattdessen während der Nachtruhe ganze Paraden von schlechten Erinnerungen aus Kindheit und Schulzeit abgenommen, Klassenkameraden wiedererkannt, bei Namen genannt, alles in klarem Licht, sodass keine Einzelszenen mehr, sondern ganze Zeitabschnitte, Gezeiten und Zeitabläufe sich zusammenschließen ließen.

Der schwierige Werdegang! Die an die so genannte Weltordnung verlorenen Jahre, ärmlich und unbegleitet, schreckliche Augenblicke von Elend und Demütigung in all dieser mich umschließenden Kälte und Dürftigkeit. Einsam. Man musste unbedingt die Rückkehr des Tageslichts abwarten, zitternd und sehnsüchtig, das täglich auf eine neue Zeit, einen neuen Anfang herabzuleuchten schien. Die Suche nach einer glücklichen Lösung konnte nun noch einmal in Gang gesetzt werden, man musste allerdings wieder mal ganz unten, beim Nullpunkt, ansetzen.

Die glücklichen Lösungen von heute, da man doch an der gegenüberliegenden Seite des Flusses eingetroffen ist, bestehen vorwiegend aus Annullierungen, Abschied, Verzicht, während sie sich damals vorwiegend aus Ambitionen, verbissener, schwerer Arbeit, kultureller Neugier und Geltungsdrang zusammensetzten: Eine Art von allen guten Geistern verlassener, privater Zivilcourage war angesagt, eine Art wahnwitziger Heldenmut bei der Auseinandersetzung mit den erdrückenden Mehrheiten aller Art, den Besserwissern, den Bessergestellten, den Gerechten, den Normalen, bei denen ja bekanntlich alles richtig abläuft im Leben.

22. November

Scorribanda. Kuben. Sehnenzerrungen.

Richtungen werden eingeschlagen, man erreicht zuweilen sogar das vorgesehene Ziel. Es muss nur immer schön ruhig durchgeatmet werden auf dem Wege. Jeden Morgen, es ist noch dunkel draußen, sitzt man schon am Schreibtisch und versucht sich. Energien müssen mobilisiert werden, Umrisse von Formen lösen sich aus nächtlich schemenhaften Schwankungen, es sieht aus, als ob es in dieser Musik nicht einen einzigen ruhigen, stillen Augenblick geben wird.

Die Sängerbesetzung für Salzburg 2003 ist in diesen Tagen zustande gekommen. Alfred Muff wird den alten Mann geben, Hanna Schwarz den Malik, Günter Missenhardt den Dijab, Axel Köhler den Adschib und Anton Scharinger dessen Bruder Gharib. Matthias Goerne wird die Rolle des Kasim singen, seine Stimme gepaart mit der von John Mark Ainsley als Kasims Dämon, das könnte schön werden, die beiden passen musikalisch sehr gut zusammen. Ich kann mir die wunderbarsten Zusammenklänge vorstellen.

2. Dezember

Täglich kommen ein paar Takte mehr von der *Scorribanda* zum Vorschein, der neuen *Maratona*-Musik, diesem infamen Raubzug. Visconti und ich haben ja doch schon längst (vor Jahrzehnten) den alten Vorstadt-Schuppen abgerissen, worin seinerzeit diese demütigenden und wenig olympischen Spiele veranstaltet wurden, *le Maratone di Danza*, wir sind wieder nach Hause gezogen, zurück ins Grab. Ich denke jetzt, beim Komponieren des neuen Stücks, der *Scorribanda Sinfonica sopra la tomba die una Maratona*, nicht mehr an die damaligen Verhältnisse, auch nicht an den Handlungsablauf der einstigen Theater-Musik: Die neue Skorribande beschäftigt sich mit den Passionen, dem körperlichen Leid armer Wettkämpfer, der um ihr Leben strampelnden Dauertänzer, in ihrer Atemnot, mit den Muskelzerrungen, ihrem Kräfteverfall, ihrer Agonie. Selbst das Ausdenken der Noten ist in diesem Zusammenhang strapaziös.

In den letzten Tagen und bei Nacht habe ich mich des Öfteren an das große Open-Air-Museum in Hakone erinnern dürfen, wo uns am Nachmittag des vergangenen 1. November unterm Regen und leicht umnebelt einige der wunderbarsten Bildkunstwerke unserer Zeit aus der Entfernung winkten, wie um die Besucher ihrer, der Bildnisse, Wichtigkeit und Würde zu versichern, zu überzeugen, sie heranlockend, bis man unterm Regenschirm aus geeigneter, gebotener Nähe zu ihnen aufschauen durfte, an denen der Regen herabfloss. Die plötzliche, unerwartete Präsenz von so viel Licht und Qualität konnte das Herz zum Stocken bringen. Auch die überdachten Teile des Museums beherbergen wunderbare Werke, darunter viele japanische. Ganz besonders beeindruckten mich (noch im Freien) die Arbeit *Resonance of life* von Susumu Shingu aus dem Jahr 1999, eine Art lustiger Wassermühle aus Chrom und Lichtreflexen, sowie eine *Intersecting Space Construction* von Ryoji Goto aus dem Jahr 1978, die zahlreiche unter- und miteinander verbundene, leicht überlebensgroße Männer (dunkelviolett) und Frauen (rostrot) darstellt, die bodenlos tanzen und schwingen und hoch hinaus wollen. Jeden Augenblick könnten sie abheben! Und alle sehen sie glücklich aus, wie befreit! Wie die Freiheit selbst.

Es gibt einen Giacomo-Manzù-Saal, in dem sämtliche Entwürfe (schon in Bronze) zu seiner für die Eingangsfront des Petersdoms gedachten Todespforte aufgehoben sind. Die vielgestaltigen Martyrien der Heiligen sind dort eines nach dem anderen auf einzelnen Tafeln abgebildet. In Rom kann man sie vereint sehen, zusammengefasst in einer einzigen riesigen Pforte am Haupteingang von San Pietro. Und es gibt einen ganzen Picasso-Pavillon (wo gäbe es den nicht?), und außerdem Hans Arp, Giacometti, Moore (wo gäbe es den nicht?), Yves Klein, Miró (wo …?), Marino Marini, Calder, Pomodoro und so manches mehr aus dem Westen.

Aber vor allem freut man sich halt der Arbeiten jüngerer und japanischer Bildhauer, wie beispielsweise von Yuki Shintani und Yoshiro Mineta, beide 1937 geboren, oder auch von Ryoko Kawasaki, Jahrgang 1935, mit seinem kühn und kühl schnittigen *Swing of the Winds*. Ganz wunderbar (wenn auch ein wenig szenographisch) fand ich den *Palast des Mino-*

taurus (1988) vom 1949 geborenen Kyoji Takubo –
man hat das Gefühl, dass das Konstrukt schon in der
Antike so und nicht anders ausgesehen hat, aussehen
hat müssen (war es nicht auf Kreta?). Ein metaphysi-
scher Ziegenstall. Ja, es gibt in diesem Museum eine
nahezu bestürzende Vielfalt, sie ist vielsprachig wie
die Welt, voll mit den schönsten Überraschungen und
– was nicht ohne weiteres einleuchten müsste – mit einer Art leichtherzig spielerischem Charme. Diese Gestalten und Bildnisse suchen noch immer meine Träume auf, auch bei Tag, wehren dem Überhandnehmen
des selbstkritischen Pessimismus. Sie sind willkommen, denn sie verjagen ihn und seine Geister sogar,
mit einer natürlichen Geste, mit dem wundervollen,
von Susumu Shingu erfundenen *Allegro con brio* in
Gestalt eines mehrstimmigen Drachens etwa, der sich
hoch oben im Winde dreht und zu phantastischen
Luftreisen einlädt, um die eine (die alte) Wirklichkeit
zu verlassen und einer neuen entgegenzusegeln.

3. KAPITEL

New York City, 23. Februar 2001
Der Raubzug, *the raid*, die Skorribande, wie sie in
den letzten Wochen und Monaten mühselig erfunden
und aufgeschrieben wurde, ist vorüber. Man hat den
Sturm irgendwie überstanden, überlebt, man hat eine
Folge von fast zwanzig Minuten anhaltenden schnellen Tempi gemacht, zu denen eigene (uralte) seelische
Erfahrungen, aber auch die schrecklichen Gestalten
aus Kubricks *Clockwork Orange*, sich überschnei-
dend, zusammenkamen – ganz zu schweigen von den
ebenfalls aus den fünfziger Jahren heraufgestiegenen
(wenn auch aus entgegengesetzter politischer Richtung stammenden) Gestalten aus Luchino Viscontis
damals, 1957, in Rom spielendem, aber in Berlin ur-
aufgeführtem Tanzdrama *Maratona*: die schweißtrie-
fenden Jugendlichen (*bulli*), vor Erschöpfung der
Ohnmacht nahe, und ihre Bräute (*le pupe*) die nicht
selten mit mütterlichem Eifer schwofend dem Partner
beistehen, ihn vom Einknicken, vom Hinfallen abhal-
ten, vom Aufgeben, und auch um gefühlsmäßig dem
Kerlchen neue Widerstandskräfte zuzutragen. Die
vor Schmerz hüpfenden, schlurfenden Vorstadtkin-
der Roms, denen Fortuna unter den günstigsten Umständen als höchstes Ziel den ersten Preis dieses
Wettkampfs in Form eines *frigorifero*, einer Wasch-
maschine oder eines kleinen Motorrads bereitgestellt
hat. Unsentimental bis dort hinaus, bis dorthin, wo

allein das Brutale zu Hause ist, war damals der Stil dieser Inszenierung, der die Leute brüskierte in seinem (für jene Zeiten durchaus ungewohnten, gewöhnlichen und irgendwie ungehörigen) Realismus der stanislawskischen Art. Ich erinnere schreckliche Einzelheiten, und in den Träumen segeln wie Flugdrachen die Fetzen von Renzo Vespignanis in knalligen Farben gehaltenem Bühnenbild vorüber, aber nun ist alles aufgelöst, abgelöst, vorbei! Und vor ein paar Tagen ist Renzo Vespignani, der Große, in seiner Heimatstadt Rom verstorben.

Beim Komponieren der Skorribande habe ich mir des Öfteren gewünscht und vorgestellt, Visconti *(il conte)* möchte, nasal und nachtragend, wie er nun mal war, von den Toten auferstehen und mit mir am 29. Juni 2001 in Hamburg gemütlich ins Konzert gehen und sich anhören, was aus der damaligen Bühnenmusik heraus- und hervorgekommen ist: Die Nachklänge, die hier und da noch wie aus weiter Ferne tönen, würde er vermutlich erkennen, keinesfalls aber die Coda, die in variablen Metren erscheint, Dreiviertel, Vierachtel, Fünfachtel, und ihren Ursprung unter anderen im letzten Zwischenspiel von *Boulevard Solitude* hat, aber einen neuen Bass (der sich andauernd verändert) und viele neue harmonische und instrumentale Vorgänge. So beschäftigt sich der Alte mit dem Alten.

Im Central Park ist der Schnee von gestern geschmolzen. Die entblätterten Bäume erlauben Blicke auf menschenleeres Terrain, das nachts nicht einmal von bis an die Zähne bewaffneten Taxichauffeuren durchfahren werden darf. Auch Skorribanden, Raub- und selbst Lustmorde werden hier durchgeführt und gesetzlich verfolgt.

Masur, die Künstler der New York Philharmonic und unser Berliner Rundfunkchor haben gestern den ganzen Tag über an Sinfonie Nr. 9 gearbeitet, denn heute Abend ist das erste der drei für dieses Stück angesetzten Konzerte. Bin ganz zufrieden mit der Einstudierung, alles ist deutlich zu hören (weil es signifikant ist) und man bemerkt, dass meine Polyphonie aus lauter Linien besteht, und dass da kein Platz ist für Flecken und Flicken. Es kommt bei einer so klaren Lesart wie der masurschen dann auch etwas von der architektonischen Logik dieses Werkes zum Vorschein, die das Zuhören vereinfacht und dem Dunklen und Rätselhaften keinen Platz einräumt dort, wo es nicht hingehört. So hatten wir uns das ja eigentlich auch von Anfang an vorgestellt.

Atlantikwind. Langsam zieht ein grauer Morgen herauf. Meine Upupa ist weit fort, im Senegal oder auf Sansibar, sie muss dort auf die Heimreise warten bis zum italienischen Frühlingsanfang. Deswegen werde ich ihr nächste Woche vielleicht einmal ein Klagelied schreiben, womöglich ein von einem konzertanten Blasinstrument begleitetes Lied, zur blauen Stunde soll es in der Oper gehört werden, aber wir wissen nicht, wann die blaue Stunde schlagen wird und wonach der schöne Vogel sich sehnt, er kann es uns nicht sagen. Wir können es uns aber denken, können es ahnen, vermuten.

Die letzten Wochen in Marino, seit Ende Dezember wohl, waren ganz still und marode. Immer ungefähr eine Stunde vor Sonnenaufgang ging die Arbeit los, die Ohren und die Schreibstifte gespitzt, und es ging so für zwei bis drei Stunden, dann mussten die alten Beine, aus der Schreibtischlage befreit, ins Freie getragen und dort herumlaufenderweise animiert werden. Meist kam es dann nicht mehr zu einem zweiten Arbeitsgang, der Rest des Tages wurde mit Lesen verbracht, Briefeschreiben, Freundetreffen, lange schlafen, dann spazieren mit James und Anastasia. Nicht schlecht, wenn einen nur nicht andauernd die dunklen Sorgen quälten, von denen sich ja die meisten Lutheraner so gern belästigen lassen: ob der Tag wohl auch sachgemäß und gottgefällig genug (will sagen: im Sinne der Durchführung eines wohltätigen Exzesses an nützlichen Sachen) ausgefallen ist.

Anfang Mai
Während der Monate März und April wurde an *L'heure bleue* gearbeitet, in London und in Marino. Dies Stück, etwa fünfzehn Minuten lang, soll durchs Frankfurter Ensemble Modern im September erstmals zu Gehör gebracht werden, dirigiert von Oliver Knussen. Es ist noch nicht fertig, aber ich weiß, wie es weiter- und ausgeht, und ich weiß auch, dass ich einige Elemente davon in die Oper einbringen werde. Vielleicht ist drinnen auch noch Musik für Ba'diat schon verborgen?

Vor ein paar Tagen in München ein gutes Gespräch gehabt mit Dieter Dorn und zweien seiner Dramaturgen vom Staatsschauspiel. Der Regisseur wird hoffentlich 2003 die *Upupa* unter anderem in Salzburg inszenieren, eine Perspektive, über die ich ungemein erfreut bin. Alle drei versicherten unaufgefordert und zu meiner Erleichterung, dass ihnen das *Upupa*-Libretto gut gefällt und dass sie keine Änderungsvorschläge hätten. Einige wichtige Punkte wurden besprochen – demnach bedarf es keiner langen Zwischenspiele, im Gegenteil, sie würden, wenn sie lang wären, nur Verzögerungen verursachen, es kann und muss also immerzu weiterrollen (Dorn machte eine Bewegung, die an die Rotationen einer Gebetsmühle erinnerte, ich verstand sie sofort und betrachtete sie als glückbringendes Positivum für die Musik, die sich ja bisher nur wenig unter der Form dieser Umbaustücke hatte vorstellen können).

Man fängt an, sich auf die Arbeit an den nächsten Opernszenen zu freuen. Und auf den Sommer in Marino. Den Ruf der Upupa habe ich nun schon des Öfteren gehört in den letzten Wochen, gesehen habe ich das Paar nur ganz flüchtig, aber zweimal durfte ich den Flügelschlag hören – er ist wirklich laut vernehmbar, es rauscht, es klingt ganz ähnlich dem Fächerschlag einer orientalischen Kurtisane. Damit fängt ja auch unsere Oper überhaupt an, mit diesem schwirrenden Klirren und klirrenden Schwingen, vielleicht wusste ich warum, vielleicht wusste ich es damals besser als heute. Auch mit dem Wiener Herrn Josef Hussek, Mitglied des neuen Salzburger Direktoriums und Kenner der Singstimmenwelt, habe ich mich in München unterhalten, wir haben Ideen ausgetauscht, vor allen Dingen die Besetzung von Malik betreffend, dem uralten König von Pate. Es hat sich so gefügt, dass ich im vierten Tableau für Malik die Notwendigkeit eines tiefen Mezzos, einer Altstimme, empfand (zu viele Kerle sonst), und so wird Malik nun wohl seine traurige Geschichte von der schönen Badi'at selbst erzählen, nicht weinend und klagend wie in *Buß und Reu* bei Bach, sondern fürstlich und brillant wie in Mozarts *Popoli di Tessalia* oder in Rossinis *Semiramide*.

Giuseppe Sinopoli ist gestorben, mitten in einer Berliner Opernvorstellung ist er tot umgefallen, und vor ein paar Tagen ist, wie schon angedeutet, mein lieber alter Freund Renzo Vespignani bei einer Herzoperation nicht mehr aus der Narkose erwacht. Fahrt dahin in Frieden und Stille, ihr prinzlichen Boten des Schönen, der Wahrheiten und der Anmut, ruht euch aus in euren Gräbern! Wir gedenken eurer mit Schwermut und großen Erwartungen.

Renzo kannte ich seit Mitte der fünfziger Jahre, aus jener Zeit, als er mit Visconti und mir an *Maratona di danza* arbeitete. Er sprach römisch. Er war ein Mann aus dem Volke, mit einer tief sitzenden Handwerkermentalität versehen, die sich besonders in seinen (damals „neorealistisch" genannten) Arbeiten widerspiegelte. Unter buschigen Augenbrauen schaute ein tiefes dunkles Lichterpaar hervor, das sich suchend an die Welt zu wenden schien, suchend und fragend und voll mit schmerzerfüllter Neugier. Die Frauen machten ihm lebenslänglich zu schaffen. Seine Gestalt war ein wenig gedrungen, Arme und Hände aber wurden von starker Animation in Betrieb gehalten. Renzo arbeitete. Wir können auf ein bedeutendes Œuvre zurückblicken, von den meisterhaften Zeichnungen ging es bis zu den großen Leinwänden. Oft waren diese Werke zyklisch angelegt: so waren die Reichen und Frivolen (wie etwa in *Tra le guerre*) von schauderhafter Opulenz gezeichnet, in giftigen, geradezu ekelerregenden Farben. Sie sind aus der Perspektive der Armen und Verbitterten entstanden, stellen den Faschismus und die Faschisten dar, nicht unähnlich der Methode, dem Stil von Pasolinis *Salò – Die 120 Tage von Sodom*. Man spürt die Empörung, die Abneigung, die Verachtung und so etwas wie einen höhnischen Hass (der in der Kunst immer besonders schwer darzustellen ist, weil der Hass ja doch ein polemisches, vasomotorisch-negatives Gefühl ist). Oder denken wir an die späten Zyklen in Öl, die gewaltigen, der Schönheit des Ortes Rechnung tragende Sammlung *New York*, wo die Farben und Formen bis ins Abstrakte reichen, besonders bei den zauberhaften *Nachtstücken*, die einen großen Teil dieses Werkes einnehmen. Oder die Bilder aus dem römischen Nachtleben: Da gibt es keine schicken Clubs, keine attraktiven Bars und derglei-

chen zu sehen! Stattdessen aber Darstellungen der viel-
farbigen Bereiche der Prostitution, der Transvestiten-
welt, der Erniedrigungen, der Herzlosigkeit, der Nicht-
Barmherzigkeit, das Ganze kommt auf dich zu als ein
starker, elender Schock, wie Ohrfeigen und Faust-
schläge oder Messerstiche.

Über die Folter Christi. Die Folterknechte.
Aus Michail Bulgakows *Der Meister und Margarita*:

Jedermann dünkte es, dass der, Säulengang sich
verdunkelte, als der Zenturio Marcus von der
ersten Zenturie, genannt Rattenschlächter, vor
dem Prokurator Aufstellung nahm.
Rattenschlächter überragte auch den größten
Soldaten der Legion noch um Haupteslänge und
hatte so breite Schultern, dass er die noch niedri-
ge Sonne verdeckte.
Der Prokurator sprach den Zenturio auf Latei-
nisch an: „Dieser Verbrecher nennt mich ‚Guter
Mensch‘. Führen Sie ihn für einen Moment hinweg, und erklären Sie ihm, wie man mit mir zu
reden hat. Aber schlagen Sie ihn nicht zum
Krüppel."
Alle, außer dem reglosen Prokurator, blickten
Marcus Rattenschlächter nach, als er dem Gefangenen mit einem Wink bedeutete, ihm zu folgen.
[...] Marcus Rattenschlächter führte den Gefangenen aus dem Säulengang in den Garten, nahm
dem Legionär, der zu Füßen einer Bronzestatue
stand, die Peitsche aus der Hand und schlug sie,
ohne sonderlich auszuholen, dem Arrestanten
um die Schultern. Seine Bewegung war leicht
und lässig, aber der Gefesselte stürzte sofort zu
Boden, als habe man ihm die Beine abgehauen,

Reisevorbereitungen in Pate

schnappte nach Luft, jegliche Farbe wich ihm aus dem Gesicht, und seine Augen blickten irr.

Sinopoli, den kannte ich kaum. Er wohnte auf der anderen Seite Roms. Meist trafen wir uns zufällig auf deutschen oder italienischen Flugplätzen. Nur bei zwei Gelegenheiten konnte ich ihn live dirigieren hören, das erste Mal 1979 in Montepulciano, im Tempel des Heiligen Blasius, wo er Mahlers Zehnte dirigierte, was vielen Hörern unvergesslich geblieben ist, auch mir, und dann, vor wenigen Jahren erst, in der Stuttgarter Liederhalle, Mahlers Neunte mit der Dresdner Staatskapelle, wovon mir in besonderer Erinnerung der langsame, immer leiser werdende Schluss des Ganzen zurückbleibt, wie ein vorzeitiges Abschiednehmen scheint es mir jetzt, von heute her gesehen. Peter Ruzicka, der Dirigent und Komponist, der mit Sinopoli befreundet war und, wie er sagt, viele Anregungen und viel Ansporn von ihm erhalten hat, ist von diesem Todesfall besonders erschüttert und erschreckt – ich habe ihn nie so traurig und deprimiert gesehen und gehört, er nimmt es als ein Memento mori und hoffentlich auch als eine Warnung für alle, die zu viel arbeiten, also auch für ihn und für uns alle. Wieder eine Verarmung, eine Bitternis, ein Schrecken.

Bevor man ins dunkle Wasser springt, soll man das Kreuz schlagen.

Zurück zur Arbeit. *L'Upupa*, viertes Tableau, genauer gesagt, 4 (a):

Al Radschi el-Din („der Hagestolz"), der alte Vater, hat einen Angsttraum, nachts auf dem Turm. Es ist ihm, als sähe er Feinde und sonstige böse Sachen seinem Kasim nachstellen und ihn schließlich in einen Abgrund stürzen. Im Moment des Aufschlages fällt der Alte von seinem Lager, reibt sich die Augen. Gleichzeitig:

(b) der (gute, liebe) Dämon und Al Kasim, sein Protegé, landen auf der Insel Pate. Oft denke ich an dieses alte Königreich, das ich mehrmals besucht habe: Es liegt ganz zerfallen da wie heute bei uns etwa das Tusculum oder die Hadriansvilla, aber es liegt säuselnd eine märchenhafte Aura über dem Ganzen, und die Paläste, Türme, Bögen und Gänge scheinen beinahe noch heil, wenn auch Stürme, Springfluten und Feindeshand, Meuchelmord und Pest der schönen Stadt immer wieder einmal, die Jahrhunderte hindurch, das eine oder andere Leid angetan haben.

Aber das Pate City unserer Oper, meiner Musik, weiß nichts davon oder tut so, außerdem ist hier der Ort immerzu in nachtblaues Dunkel gehüllt, bis dass dann schließlich der Morgen graut. So können Erinnerungen zur Gegenwart werden oder könnten zumindest begeistert und befruchtend in sie hineinreichen, und umgekehrt könnte oder müsste die Gegenwart beiseite bleiben, für die Erinnerungen durchlässig, damit die Dinge von heute ein wenig angereichert werden können, angereichert und vertieft von alten Moden und Modi und Modulationen, damit die Welt von heute ein bisschen weniger karg und ein bisschen weniger kärglich (kaltherzig, bürokratisch) sich ausmachen möchte.

4. Kapitel

Die Reise von Rom nach Hamburg

Anreise Hamburg-Fuhlsbüttel. Abgeholt vom Musikabteilungsleiter des Norddeutschen Rundfunks, Richard Armbruster, einem wie ein leicht entarteter Sohn Franz Schuberts, nur viel länger (circa ein Meter neunzig), aussehenden jungen Herrn mit guten Manieren und alldem, was dazugehört, dabei ist er gar nicht aus Wien. Hat mit Wien nichts zu tun. Er hat zwei Stunden auf uns warten müssen (oder wollen) unterm Regen, war aber guter Dinge (oder tat so), berichtete von den beiden vor drei Wochen durch die Staatsoper unter Metzmacher offenbar ganz erstklassig zelebrierten *Medusa*-Aufführungen. So erreichten wir das Hotel, dort illustrierte Army den bisherigen Probegang für Peter Ruzickas Monsterkonzert vom 29. Juni in der Musikhalle:

1. *Erstes Klavierkonzert* (1950), mit Christopher Tainton
2. *Appassionatamente* (1995)
3. *Fraternité* (1999)
4. *Antifone (*1960)
5. *Scorribanda* (2001, Uraufführung)

und gegen Abend erschien dann auch der leidgeprüfte Maestro, unser lieber P. R., blass wie immer sah er aus, und nun zusätzlich auch noch verhärmt, er, der immer zu viel arbeitet und dem allerdings der Um-

69

gang mit der Musik so wesentlich erscheint, dass er offenbar nicht anders kann und nicht davon ablassen mag (weswegen ja auch niemals Ferien stattfinden – sie stehen deswegen auch gar nicht in seinem Wunschkalender). Man denke, er hat sich, ohne es mir jeweils auch nur anzudeuten, zu einem Kenner und Freund meiner Musik entwickelt, ein monströser Vorgang, der zum Ziele hat, Aufführungen meiner frühen Symphonik zu ermutigen und selber welche zu veranstalten. So passierte es denn auch am nächsten Abend, dass das Publikum einer Faszination erlag, beziehungsweise einer Mystifikation zum Opfer fiel. Ich saß da ja mitten unter ihnen, diesen mir größtenteils unbekannten Hamburgern, und habe ihnen zuweilen dabei zugeschaut, wie die magischen Kräfte (vorwiegend schöne) dem Orchester entwischten und die Hörer zu besuchen begannen: der Gesichtsausdruck sich auf die eine oder andere Weise verwandelte, bei den meisten ging das auf einen Streich, als fiele eine Maske herab; nun können wir die irdischen Ohren und Augen, Nasen und Lippenpaare beobachten, wie sie aufmerksam und stumm auf Empfang gehen und ihr persönliches Engagement ans Licht heben. Dieses mein Hamburger Publikum war wunderbar, es konnte sogar Zustimmung und Begeisterung zum Ausdruck bringen, und ich fühlte mich ganz gerührt und echt stolz. Die Stücke sind sehr schön gespielt worden, das Orchester war in bester Verfassung, es ist sehr viel Arbeit damit verbunden gewesen, man konnte es hören und sehen, es übertrug sich, wurde verstanden, auch das Deutsche darin.

Am nächsten Tag war Samstag, der 30. Juni, und in dem schönen alten Rundfunksaal in der Rotenbaumchaussee (wo einmal, genauer gesagt am 29. Oktober 1951, die Ursendung meiner Rundfunkoper *Ein Land-*

arzt stattgefunden hatte, und wo sieben Jahre später, an einem 26. Oktober, das Auftragswerk *Kammermusik 1958* mit Peter Pears, Julian Bream und Solisten des Rundfunkorchesters unter meiner Leitung aus der Taufe gehoben ward) wurden einige Stücke aus der Vergangenheit aufgeführt: die Kantate *Being Beauteous*, ein Klavierquintett, und noch einmal *Kammermusik 1958*. Nun waren inzwischen über fünfzig Jahre vergangen, die alten Wände standen noch, der Holzboden war noch der gleiche. Die Musik kam glitzernd und zwitschernd durch die Höhenluft gereist. Es wurde schön gesungen und gespielt – ich war wieder mal glücklich und dankbar und voller Anerkennung und Bewunderung für die Künstler, besonders für den Gitarristen Jürgen Ruck und den Tenor Markus Schäfer.

Am 1. Juli sind Fausto und ich morgens davon zum Flugplatz, und während wir noch auf dem Jungfernstieg aufs Taxi warten, treffen wir den joggenden Ex-bürgermeister, Klaus v. Dohnanyi, und eine charmante jüngere Dame, ebenfalls joggend. Sie waren auch gestern oder vorgestern Abend in der Musikhalle gewesen und hatten alles gehört, und es hatte ihnen, wie sie sagten, einen gewissen lobenswerten Eindruck gemacht. Ich fand dies alles sehr lieb und wohltuend für die doch immer so leicht von betrübten Schatten agacierte Seele.

Statt von der zivilen Luftfahrt Hamburg–München–Rom zu berichten, auf der alle die Sachen stattfanden, die dem Reisenden das Leben vergällen (Überbuchung, Streik, um Stunden verschobene Abflüge, verpasste Anschlüsse, sogar das fehlende Gepäckstück durfte dann am Ende nicht fehlen), erinnere ich lieber an eine ganz seltsame, unvorhergesehene Begegnung mit einer Upupa, hier in Marino im Garten, vorige Woche am späten Vormittag. Ich hatte gerade den Weg durch eine längs des Weinbergs laufende weinlaubbewachsene Pergola eingeschlagen, als eine Upupa, von der gegenüberliegenden Seite kommend, auf mich respektive auf meinen Strohhut zugeschossen kam. Sie machte keine Anstalten, ihre Flughöhe zu verändern, und während sie pfeilschnell näher kam (sie hatte auch keine Möglichkeit, ihre Flugrichtung abzustellen, die Pergola engte ja ihren Spielraum auf drei Seiten rigide ein), dachte, sagte ich (laut, aber freundlich) „stai attenta" und warf mich zu Boden. Sie schwirrte unbehindert weiter. Kein Upupaschnabel sollte meine neuen Augen beschädigen und kein Upupaherz sich grämen wegen eines Menschen *decline and fall*!

Schon seit acht Tagen kühler erfrischender Westwind, zeitweilig und glücklicherweise ziemlich heftig, und ich denke vergnügt an das innerhalb dieser acht Tage Geschehene, wobei besonders ein wunderbares Fest zu erwähnen wäre – Faustos Fest sollte man es nennen –, wo die Pianisten Zehn, Schulze und Debus sich um die Darbietung einer Anzahl Klavierstücke bemühten, insgesamt zwölf, welche die Herren Detlef Glanert, Jan Müller-Wieland, Kenneth Hesketh, Mark-Anthony Turnage, Toshiro Saruya, Stefano Taglietti, Robert Zuidam, David Lang, Stefan Hakenberg und Giorgio Battistelli dem alten, nicht nur immer unfreundlichen Exlehrer konzertant überreichten. Einige Stücke waren auch als Überraschung für Oliver Knussen gedacht, dieser aber wurde krank, reiseunfähig und blieb in Snape, Saxmundham, Suffolk. So konnte er auch nicht meine ihm zugedachte Sache hören: *Olly on the shore* (frei nach Percy Graingers Molly). Aber wir hörten sehr schöne selbstsichere Stücke an diesem Morgen, viel Offenes, Wildes, Solides, Persönliches. Auch unseren Gästen – wie immer alte und nicht so alte Freunde aus der Stadt und aus dem Hinterland – schien diese Musik zu gefallen (na ja, vielleicht nicht allen, hier und da konnte ich aus meiner Ecke auch mal schmerzverzerrte Gesichter sehen, angewiderte, wie komisch!), man war ruhig und aufmerksam und wählerisch, aber was doch, wenigstens für mich, der wichtigste Faktor war an diesem Sonntagvormittag, das war mir dieses Gefühl von *rimpatriata*, mit meinen alten Studenten (und dem vielfältigen und seltsamen Talent, das diesen Gestalten entströmt wie kostbare Ambra) zusammen zu sein und sich zu freuen, nicht nur ihrer professionellen Erfolge, sondern auch ihrer persönlichen Liebenswürdigkeit wegen, die unter Umständen sogar das Niveau der Grazie zu erreichen vermag, fast wie von selbst.

Kater Fumo und ich erblicken am Fernsehschirm einen Jaguar im Kampf mit einem riesigen Stachelschwein (wir sind in Afrika). Sieger ist das Hystrix cristata! Das schöne Raubtier muss sich schleichen, bespickt mit Hystrixspeeren, von denen es im Augenblick noch nicht weiß, wie es sie wieder loswerden kann. Ein komisches Trauerspiel, eine Blamage, ein schmerzensreicher Witz.

Marino, Dienstag, 24. Juli
In den Tagen nach dem Fest endlich mal wieder ordentlich gearbeitet: Nachts auf Pate hat Kasim dem uralten Malik alles erzählt, was die Leiden des Radschi el-Din (seines geliebten Vaters) betrifft. Daraufhin hört man die Blumen und die Angestellten weinen („flennen" steht im Libretto), und ich werde versuchen müssen, verhaltenes Schluchzen und sonstiges Klagegetöne in einer (kurzen) achtstimmigen

A-cappella-Musik darzustellen. Habe erst gestern oder so damit angefangen.

Ganz selten sieht man einen Wiedehopf im Garten flanieren. Gestern sind mehrere päpstliche Hubschrauber über dieses Haus gestürmt, haben einen Höllendonner gemacht, Seiner Heiligkeit in Castelgandolfo den nordamerikanischen Präsidenten zugetragen. In den letzten Tagen war der Himmel allerseits so klar, dass man wieder einmal auch die Berge im nördlichen Latium fein und deutlich sah. Und letzten Freitag bin ich abends wieder einmal hingefallen, im Dunkeln, diesmal auf Grund einer plötzlichen ohnmachtartigen Gleichgewichtsstörung, habe mir den Kopf aufgeschlagen, und man sagt, es sei recht viel Blut auf die Pflastersteine geflossen. Fausto hat geweint und ist noch ganz erschüttert, nun kam heute noch hinzu, dass sein Hündchen Svegliarino draußen vor dem Tor tot aufgefunden wurde, offensichtlich von einem widerwärtigen Automobil überfahren. Wir sind traurig und sprachlos. War es nun genug, oder muss man sich auf weitere Unbill einstellen? James und Anastasia, Svegliarinos Freunde viele Jahre lang, verweigern die Nahrung, bewegen sich nicht aus ihrem Haus, als müssten sie es freihalten für ihren nur mal kurz verschwundenen Gefährten. Und hat man je so düster dreinblickende Vierbeiner gesehen?

Zur Ablenkung (und wenn es mit dem Schreiben nicht weitergehen mag) kann man die Medien anschalten oder entfalten und in Schwarzweiß verfolgen, wie Polizisten am Rande des G-8-Gipfels in Genua im *battle dress* auf junge Leute, besonders junge Mädchen, eindreschen. Auch werden immer wieder mal lebende Bilder geboten von festgenommenen Demonstranten, die von vier Bullen gleichzeitig abgeführt werden, wobei die Gliedmaßen verzerrt werden, ohne dass die Fernsehzuschauer die ja doch unausbleiblichen Schmerzensrufe vernehmen könnten. Man hört eine Art Orgelton, wohl das Motorengeräusch anrückender Panzerwagen, und darüber Sirenengeheul, Pfiffe, Geschrei. Man sieht brennende Autos, man sieht junge Leute damit beschäftigt, Fensterscheiben von Banken, Läden und großen Kaufhäusern zu zerschlagen. Man sieht es, aber man versteht es nicht. Bin ich krank? Man kann auch auf eine andere Taste drücken und hat dort den Cavaliere, noch immer in Genua, der die sieben Staatsmänner begrüßt, die zu diesem Gipfeltreffen in diese schöne, nun aber total belagerte, wie eine Festung hergerichtete Stadt gekommen sind, von weit her. Und alle kriegen das gleiche Lächeln, na ja, sagen wir lieber Grinsen, das so nichts- oder vielsagend ist wie die politischen und sozialkritischen Gedanken und Äußerungen dieses gefährlichen Staatschefs.

5. Kapitel

2. Dezember 2001

Monatelang nichts festgehalten. Die „Bilder" von früher sind zu „Tableaus" geworden, und die Musik ist ein wenig gewachsen. Vor einigen Tagen Tableau 4 (e) in der Oper abgeschlossen, habe es Tableau 5 genannt, weil es doch dramatisch so eigenständig ist und mit den Bildern vor 4 eigentlich nur indirekt oder gar nichts zu tun hat. Wie sieht es denn so ungefähr aus mit unserem Stück?

Es gibt Streit zwischen dem reisemüden Dämon und seinem unvernünftig abenteuerlustigen Kasim: Das ist ein nicht nur innerer Konflikt. Hatte gedacht, es würde eine komische, lustige Episode, stattdessen hat sich herausgestellt, dass sie mehr Würde und Gewicht (und tiefere Bedeutung) bekommen musste und auch bekommen hat, wie es sich für einen Aktschluss gehört. Denn ein solcher ist es geworden, ein Aktschluss. Es wurde auch ein wenig Text noch hinzugefügt, zwecks Verdeutlichung.

Das Jahr neigt sich, erfrierenden Blumen gleich, die sich senken und am Stamm verfaulen. Täglich verbrennt unser Antonio dieses feuchte Stroh, der Rauch mischt sich in den Morgennebel. Nachts, wenn ich den Kater rauslasse, stehen wir für einen Augenblick nebeneinander staunend im gleißenden Mondlicht, das von ganz steil oben kommt, und vereinzelte Prinzipalsterne blinken in einem tief samtenen Dunkel.

Die Musik hat mich verlassen – und umgekehrt. Es hat den 11. September gegeben in Manhattan, Abertausende haben live gesehen (auch ich), wie die beiden Türme des Welthandelszentrums zerbrachen und in sich zusammensackten, Tausende unter sich begrabend, entsetzlich. Menschen sprangen aus den Fenstern der oberen Stockwerke, das gab dir in etwa ein Bild von dem feurigen Grauen da drinnen, da oben – wer mag sich so was ausgemalt, wer mag es geplant haben? Nun werden die anonymen Täter gesucht, um bestraft zu werden, es werden bereits Massenmassaker veranstaltet in Afghanistan, dort bohren nun Riesenbomber Riesenlöcher in das riesige verschwiegene gebirgige Wüstenland.

Totensonntag, Allerheiligen, da war ich in Gütersloh, Berliner Kinder kamen und gaben ihren dollen, deftigen *Pollicino* in der Stadthalle, auch die Musik wurde mit großem Schwung gespielt und tönte voll und warmherzig (so schön, wie ich es gar nicht für möglich gehalten hätte!), mein lieber Jobst Liebrecht hatte sie einstudiert und geleitet. Die Erwachsenen, Schauspieler vom Schiffbauerdamm, glücklicherweise keine Opernfiguren, sangen brillant, taten es den Jugendlichen gleich und agierten mit Elan und einem rechten Sinn für die inhärente Komik des Ganzen. Alles passte zusammen, ich habe mich wieder mal sehr gefreut. Einige Tage zuvor ging es mir ähnlich, in Berlin, in einer so genannten Philharmonischen Nacht, wo Mitglieder des Orchesters sich nicht genugtun konnten, ein gut einstudiertes Monsterprogramm abzuwickeln, darunter *Voie lactée, Ode an eine Aeolsharfe, Aria de la folía española* in der von Roderick Watkins arrangierten Fassung für vier Saxophone, Klavier vierhändig, Perkussion. Und *Being Beauteous,* und die *Lieder von einer Insel,* von Mitgliedern des Rundfunkchors geflüstert und gesummt, Stücke aus der *Royal Winter Music*, und das neueste: *L'heure bleue*, das ich hier noch ein zweites Mal hören durfte, diesmal nicht von Olly dirigiert, sondern von dem immer besser werdenden Rolf Gupta. So also klingt nun meine neue Musik, Herz und Hirn erweichend, ich war wieder ganz be- und eingenommen, wie schon am 13. November in der Alten Oper in Frankfurt, als Olly und das Ensemble Modern dieses irre Liebeslied uraufführten in seiner transparenten Vielstimmigkeit.

Vor Berlin waren wir noch in Nürnberg, dort dirigierte Herr Philippe Auguin am 25. Oktober Sinfonie Nr. 7 mit den Nürnberger Philharmonikern, und beide machten einen hervorragenden Eindruck. Über eine ganze Woche lang wurde meine Musik gespielt, und es gab auch dort einen *Pollicino*, lustig und ernsthaft gearbeitet. So viel Musikalität lebt in den Kinderseelen der Lehrerschaft und in den gut entwickelten Erwachsenenherzen der Kinder! Bei den Letzteren findet man mehr Weisheit und Anarchie. Ich war schon wieder glücklich, es wurde mir auf diesen Reisen so viel Freude zuteil, Freundlichkeit, Freundschaftliches. Gern denke ich auch an die Eisenbahnreise im Intercity, zeigte Fausten die Gegenden von Berlin-Zoo bis Bielefeld (wo übrigens der Bahnhof sich seit meiner Jugendzeit ästhetisch in keiner Weise verbessert hat, er ist noch immer so unaussprechlich grau und gemein wie damals vor sechzig Jahren und rief mir die scheußlichsten Schulerinnerungen ins lädierte Köpfchen zurück). Aber auf der Fahrt hatte es so viele schöne niedersächsische Wiesen und Bäche, Kanäle und Flüsse zu sehen gegeben, Ackerland wurde bestellt, Vieh graste maulend, und hübsche Rösser sprangen herum wie in der haydnschen Schöpfung. Kleine Waldstücke im Hintergrund, in deren vorsorglich hergerichteten Schatten die Bauersleute einander sich lieben konnten, ungestört, in den Pausen, wenn die Traktoren schweigen und die Lerchen steigen. Das Licht war so stark, dass ich eine schwarze Brille aufsetzen musste.

3. Dezember 2001

Gestern wieder Kamikaze-Attacken in Israel, Palästina. Hunderte von Leute sterben dahin, ihre Glieder fliegen zerstückelt in die Luft. Arafat ist schuld! heißt es auf israelischer Seite, und es werden drastische Strafmaßnahmen vorbereitet. In Afghanistan: *numerose vittime*, sagt die Radiodame. Und in der *Repubblica* ist zu lesen, dass in den Kellern der alten Festung von Masar-e-Sharif Hunderte von gefangenen Talibanen sich weigerten, heraus- und heraufzukommen ans Tageslicht, weil sie nicht von US-Fernsehteams bei ihrer sicher bevorstehenden Hinrichtung gefilmt werden wollten. Da haben dann die findigen Leute der Nordallianz brennendes Benzin die Treppe hinunterlaufen lassen, so wie es am 11. September 2001 in den Twin Towers in Manhattan geschehen ist, mitten hinein in die ausländische Menschenmenge (Araber, Somali, Algerier, Syrier). Es sind, so liest man, knapp 100 übrig geblieben von den 500, die da unten eingesperrt waren.

Der General Rumsfeld, der jeden Abend zum amerikanischen Volk spricht, wobei er wie ein gemeiner deutscher Oberlehrer aussieht, sagte in einer Pressekonferenz, es seien keinerlei Vorkehrungen geplant, um Gefangene zu machen, denn dazu bestünde auch gar nicht die Absicht. (Wohin auch damit, muss er sich fragen, wohin mit diesen Untermenschen?)

Zu meinen Reiseerfahrungen gehören noch einige besondere Erlebnisse, beispielsweise Rolf Guptas Aufführung meiner Siebten in Oslo, am 5. Oktober, wo das Oslo Filharmoniske Orkester so brillant getönt hat, wie man es selten hören kann. Und das Münchener Kammerorchester mit *Le fils de l'air* am 12. Oktober in der dortigen Muffathalle, wo die Musik sehr gut (voll, vibrationsreich) tönt, das kommt mir nicht mehr aus dem Sinn. Christoph Poppen ist der Leiter dieses charmanten Klangkörpers, den das städtische Kulturreferat und ich im Jahre 1995 vor der Auflösung bewahrt haben und der inzwischen aus dem Münchner Kulturleben gar nicht mehr wegzudenken ist, was mich wieder mal glücklich und stolz gemacht hat. Der Sohn der Luft hat wirklich besonders wohl geklungen, dunkel und brunnentief und wahrscheinlich auch recht deutsch. Eine beglückende Erfahrung war auch die am 15. September erfolgte Inszenierung von *Orpheus* im Aalto-Theater in Essen, getanzt von jungen Leuten aus der örtlichen Company und aus Berlin, in einer einfachen, linienreichen Choreographie von Heinz Spoerli und sehr gut, sehr scharfsinnig gespielter Musik: die Essener Philharmoniker, dirigiert von Patrick Ringborg. Es wurde mir der deutsche Tanzpreis verliehen, Richard v. Weizsäcker hielt eine Rede, die ich inhaltlich meiner schlechten Ohren wegen nur teilweise verstanden habe. Auch hier: so viel Freundlichkeit und so was wie Warmherzigkeit. Das ist das Alter.

Und gestern musste dann James eingeschläfert werden, es ging ihm von Tag zu Tag schlechter, es war die Tropenkrankheit Leishmaniose, die er sich Gott weiß wo eingefangen haben muss, schon vor Monaten. Es soll in Marino und im Latium eine regelrechte Seuche ausgebrochen sein. Seine schönen grauen Augen, einst so ausdrucksvoll und vielsagend, waren zu kleinen, dich flehend anschauenden, um

Hilfe ersuchenden kreisrunden Punkten geworden. Nun ist er erlöst, aber dieses Haus ist um noch einen Mitbewohner ärmer geworden, einen stillen, schönen Zeitgenossen, der immer freundlich und höflich war, niemals bellte (höchstens wenn draußen eine Schafherde vorbeitrottete) und ein guter Schauspieler war. Wenn man seiner Nähe nicht gewärtig war und einfach so vor sich hin stapfte im Freien, stupste er dir seine kalte Nase an die Hand, das war sein Morgen- und Abendgruß. Er rannte wie verrückt, um zu dir zu kommen, wenn er dich von weitem gesehen hatte, das sah wunderbar aus. Die Bezeugungen seiner Zuneigung waren allesamt sehr gewählt, vornehm, könnte man sagen, schüchtern. Er war ja auch von beiden Elternteilen her britischer Abstammung. Beim Spazierengehen rannte er auch nicht herum, sondern hielt sich eng an deiner Seite, so eng, dass man ihn manchmal von oben kaum noch sehen konnte.

11. Dezember 2001

Das sechste Tableau begonnen, habe aber auch schon gleich eingehalten, und zwar an der Stelle, wo die instrumentale Nachtmusik anfangen soll und Al Kasim die schlafende Badi'at findet. Dachte, ich möchte diese Begegnung bis Jahresende durchskizzieren, vielleicht geht es ja auch. Leider Gottes gibt es viele Spannungen im Haus: Anastasia ist tief gekränkt von uns, die wir gedacht hatten, wir beenden ihre Trauer und Einsamkeit durch die Anreise eines neuen James, eines Enkels des Alten; er stammt aus der Romagna, ist erst vier, aber schön wie die Sünde, heißt Dario. Aber A. will nichts mit ihm zu tun haben und benimmt sich besorgniserregend seltsam, bizarr, meidet uns und snobt den Galan. Da kann man noch was lernen.

Und der Ostwind pfeift, und die Temperaturen sinken nachts tief unter den Gefrierpunkt, weder nur in Afghanistan, wo den Medien zufolge der Bombenkrieg in alter Wucht wieder aufgenommen wurde und zum Beispiel vier feindliche Heeresgruppen sich kriegerisch um die Herrschaft über die Hauptstadt Kabul bemühen, noch nur in Palästina, wo täglich von alters her Juden und Araber, Zivilisten und Zivilgarden aneinander geraten, sondern auch hier bei uns, in Europa.

Der Alte spürt Erschöpfung, die ja wohl von der Arbeit kommt, es tut ihm so Leid, er möchte so gern in besserer Verfassung sein. Aber er denkt unentwegt an Badi'at und Kasim. Die Kriegsgefahr in Palästina ist akut, der Hass groß auf der Welt. Wer kann, zieht sich zurück in seine vier Wände und hofft, dass sie nicht gesprengt werden und dass er auch sonst irgendwie verschont bleiben möchte.

Meine Musik wird ganz kleinlaut bei alledem, sie mag sich, sie kann sich nicht mehr freimachen vom Verfall, von den Leichentüchern, dem Blut, das da still in den Sand rinnt und mit seinem Sterbeodem die Schakale anlockt. Im Britischen Museum hat Nechbet, die Geiergöttin, ihre Flügel (wunderschöne) über eine nistende Upupa ausgebreitet, so hat es uns 1930 der englische Maler Howard Carter, Ägyptologe und Entdecker des Tutenchamun-Grabmals, in Aquarellform dargestellt. Freunde, unter ihnen der Schriftsteller Stewart Spencer, haben mir eine Postkarte davon geschickt, andere auch solche mit einer charmanten farblichen Zeichnung Pisanellos, darauf zwei Upupe, eine mit Feder und brauner Tinte, die andere mit weißlicher Wasserfarbe ausgeführt. Das Opus (aus den Jahren zwischen 1434 und '42) befindet sich im Louvre. Das bekam ich gleich von drei verschiedenen Ab-

sendern. Man freut sich solcher Sympathiekundge-
bungen und fühlt sich weniger allein. Morgens schaut
man lange nach Osten, auf das Gebirge um L'Aquila
herum (wo es heute acht Grad Celsius unter null hat),
wie es sich doch jeden Tag ein wenig anders darstellt,
je nach Stärke des Morgenlichts, der Temperaturen,
der Winde. Zuweilen schimmern noch höhere Berge
hinter den näher gelegenen hervor, sie berühren sich
mit wasserdampfendem weißem Gewölk, das tanzt
fast spielerisch hinauf, breitet sich aus, tritt zurück, es
tönt wie die Einleitung zu Haydns Schöpfung, oder?
Die Amerikaner schmeißen ihre schärfsten Bomben in
dieses Gebirg, seine Höhen und Tiefen. Gestern hörte
ich von einer „blauen" Bombe, einer Waffe, wie sie
bislang noch nie in einem der zahlreichen Angriffskrie-
ge jenes Weltbeherrschenden zum Einsatz gekommen
ist, sie soll größere Verheerungen anzurichten imstande sein als alle bisherigen. Sie, die Bombardierer, sollen
und wollen den so genannten Weltfeind Nr.1 treffen,
Osama bin Laden – oder ist er nur ein Staatsfeind? –,
lebend oder tot, eigentlich am besten und am liebsten
tot, sagt der Verteidigungsminister.

13. Dezember 2001
Sechs Uhr. Jeden Morgen denke ich, für einen Augenblick gerührt, an die Mamma, wie sie morgens uns
Kindern die Temperaturen des Badewassers prüfte,
mit den Unterarmen kalt und heiß in der Aluminium-
wanne zurechtmischend, diese Fürsorglichkeit, wie in
einem Sanatorium. Von hier aus gesehen dann die Erinnerungen an weitere Menschenkinder, die alle
schon fort sind. Manchmal kommt es mir vor, als sei
ich der einzige Übriggebliebene. Unter den Todesfäl-
len gibt es auch *ben altro* als das gemütliche Ent-
schlafen, das wir uns ja alle so schrecklich wünschen

(die Angst würde sich verringern), es gibt den jungen Geiger in London, Colin Weir, der sich unter eine fahrende Subway-Bahn geworfen hat, wie konnte es nur dazu kommen? Was war los mit ihm? Es gibt der Bachmann schrecklichen Feuertod, oder das Ertrinken, das Nichtwiederauftauchen von Selim, eines kerngesunden Studenten der kenianischen Luftwaffe, in den Fluten der Lagune von Shella auf der Insel Lamu, und so oft, eigentlich täglich, einen Besuch vom Jugendfreund Dieter Schidor aus dem vorigen Band, aus dem anderen Land. Es ist ihre Abwesenheit, die den Schrecken verbreitet, man denkt auf einmal wie von ungefähr an X oder Y und weiß dann, zwei bis drei Sekunden später, dass sie nur eben die Erinnerung gestreift haben, die fiebrige Stirn mit der Flügelspitze berührt im Vorbeiflattern, vorbeisegelnd, kleine spitze Schreie ausstoßend wie riesige Fledermäuse. Margaret Geddes, alt und lieb und warmherzig: Wir hatten die Gewohnheit, jeden Morgen miteinander zu telefonieren, sie hatte diese Sitte eingeführt Anfang 1980, nach Mammas Heimgang. Nun ist auch sie, die Tante Peg, längst dahin, und ihre Freunde und Nichten und Neffen ebenfalls, man möchte es nicht für möglich halten.

Andere sterben nur insofern, als dass sie sich geistig und physisch entfernen, du kannst sie gerade noch sehen, wie sie, abgewandten Blickes und immer kleiner werdend, am Horizont verblassend verschwinden. Es hat keinen Zweck, ihnen nachzulaufen, ihnen lauthals nachzurufen – es ist vorbei, die Kluft vertieft sich noch ein wenig, dir bleibt eigentlich nichts als nur ein Quäntchen Betroffenheit, ja und eine Art Wundschmerz, der beißt und der bleibt, nicht unähnlich einer chronischen Entzündung, einer noch halb offenen Narbe, die weder heilt noch wächst, man gewöhnt sich irgendwie an ihr Vorhandensein. Man lebt sozusagen mit ihr, und sie lebt in dir. Buß und Reu.

Habe nun in den letzten Tagen (Jobst Liebrecht brachte die schöne Reinschrift der Partitur des vierten Tableaus und nahm die Particelli des fünften entgegen) einen Anfang für Bild sechs gefunden, dies ist nun das erste Stück nach der Pause. Wir sind im gefährlichen Kipungani gelandet, obwohl der Dämon das eigentlich nicht gewollt hatte – aber Kasim hatte doch dem alten Malik versprochen, Fräulein Badi'at, das schöne Judenmädchen, aus dem Harem Dijabs, des alten Wüstlings, zu entführen, und Kasim wäre doch kein Mann, wenn er sich nicht an sein Wort hielte. Und zur Belohnung trifft er dann auch gleich zu Beginn des sechsten Tableaus, am Anfang des zweiten Aktes, hier in Kipungani auf das schöne Fräulein, das im Garten schläft, bei Nacht, von Gardenienduft umweht, vom Giftodem schwerwiegender, schwindelerregender Stechapfelblüten und von riesigen nubischen Soldaten beschützt. Ich sehe Hellebarden blitzen, dazu gedacht und gemacht, Badi'at und dir und mir den Leib aufzuschlitzen, eh du erwacht und die Mutter dich heimholt in die Nacht. Dies nun muss ich also setzen, wobei es schwer ist, die Bilder von Krieg, Folter, Hunger, Tod, Unrecht, und die damit verbundene Angst und Depression des Betrachters abzuweisen, abzuwehren, fernzuhalten. Die BBC meldete heute Morgen, ein Kamikazekamel sei nachts in Masar-e-Sharif in ein Lager der Marines eingebrochen. Die Jungs haben es genau gesehen! Sie haben dann drauf gefeuert, aber dieses Kamel ist statt zu explodieren schlicht und einfach verschwunden wie ein Gespenst. Eine Fata Morgana, eine morganatische Fee. Ein Hirngespinst. Der Rundfunksprecher gab der Vermutung Ausdruck, dass in der in Vorbereitung befindlichen zweiten Phase des arabisch-talibanischen Angriffskriegs nun wohl doch auch diese Kamele zum Kamikazeeinsatz kommen werden, eine Zweckentfremdung, die ja nun (meines Erachtens) wirklich ein bisschen zu weit ginge.

Heute ist Samstag, Roderick Watkins wird aus London erwartet, wir wollen zwei Tage lang über die elektronische *bruitage* sprechen, die gelegentlich als eine Art Verfremdungseffekt zum Einsatz kommen soll. Diese Einwürfe sollen die Trennung verschärfen zwischen der gesungenen und gespielten Musik auf dem Theater (die soll ja ganz rein sein, allein von den Motoren der Schöpfung angetrieben) und den gelegentlichen elektrischen Zitaten aus dem wahren Leben, dem wir unter anderem das Klappern von Helikopterflügeln entnehmen, den Hahnenschrei im Morgenlicht, das zarte Rauschen (oder besser Zischen) vom Flugwerk des fliegenden Wiedehopfs, ein Löwengebrüll auch, Hornissenschwärme und den Ruf des Wiedehopfs in verschiedenen Tonhöhen und Lebenslagen.

Schneefall auf die Abruzzen. Im Piemont oben im Norden sind über fünfzig Zentimeter gefallen. Clemente hat nunmehr eine kleine Martina in diese spannungsreiche Welt gesetzt.

6. Kapitel

Mitte Februar 2002,
nach einem Tonband-Gespräch mit Clemens Wolken
Habe mich neulich wieder mit Dieter Dorn und Hans
Joachim Ruckhäberle, seinem Dramaturgen, getroffen, auch mit Peter Ruzicka und dem von mir für die
Inszenierung gewünschten Bühnenbildner Jürgen Rose. Bei dieser Gelegenheit machte mich der Drama-
turg darauf aufmerksam, dass es laut Libretto in
diesem Tableau (Überschrift: „Ein Konflikt", und inzwischen zum fünften geworden) eigentlich ja Tag
ist, es ist ja man gerad erst früher Morgen, es kommt
dann zwar gleich zu dieser großen Auseinandersetzung zwischen dem Dämon und Kasim (reisen wir
nun nach Kipungani oder nicht?), die damit endet,
dass Kasim ruft (wie Theodor Storms kleiner Häwel-
mann): „Leuchte, alter Mond!", und daraus ist nun
geworden, dass beide, Dämon und Kasim, rufen:
„Leuchte, alter Mond, leuchte uns!" Aber wie sind
wir vom Morgen gleich zum Abendlicht gelangt?
Dass beide den Mond anrufen, hat etwas damit zu
tun, dass ich die Tageszeit vergaß und stattdessen den
Eindruck hatte, im zweiten Teil der Oper des Öfteren
die Identität Dämon – Kasim unterstreichen zu müssen, damit die beiden, Person und Geist, nicht immerzu aus- oder gegeneinander gesetzt werden, sondern
manchmal auch tatsächlich vereinigt, wie oder als
eine Person erscheinen.

Die Reise, das Abenteuer, geht weiter wie geplant, wir gehen nach Kipungani! Der Dämon hat sich seelisch auf den gleichen Breitengrad gesetzt wie sein ihm anvertrautes Menschenkind. Dann habe ich gedacht: Etwas muss man noch hinzutun, muss als Regieanweisung in die Partitur geschrieben werden (was ich noch nicht gemacht habe im Moment), darauf hinweisend, dass sich der Tag, das Leben, verdunkelt während des Streitgesprächs, zum Beispiel in dem Augenblick, wo Kasim anfängt zu weinen, und dass dadurch so eine Art Zeitraffer sich ermöglicht, also logisch wird und verständlich, mitvollziehbar. Die Musik ist ja auch sehr viel weniger lustig geworden, als ich anfangs mal gedacht und geplant hatte, auf Grund dieses vertieften Streits, im Innern ein und derselben Person. Es geht ja um ernste, existentielle Dinge, Leben oder Sterben, deswegen ist halt die Musik auch immer ernster geworden während dieser Auseinandersetzung. Außerdem muss sie ja auch als Aktschluss wirksam sein. Und so hat sie nun tatsächlich ein sprachliches Terrain erschlossen, das man auf die ganze Relation Kasim – Dämon beziehen kann, wie sie sich schon im dritten Tableau angedeutet hat und nun zukünftig, im zweiten Teil der Oper, weitergedacht und geschrieben werden muss.

Dorn gefiel das Ganze so gut, dass er mit allem einverstanden war. Jedenfalls sagte er so. Und es kann ja auch wirklich sehr schön werden. Die Trauer Kasims ist ein inneres Licht, der Dämon will nicht mehr mit, weil er schlimme Dinge fürchtet, zu deren Bewältigung die Kräfte nicht ausreichen. Der Mond kommt dann gewissermaßen als Deus ex Machina, als Hilfsmaat. Dadurch, dass es diesen Konflikt gibt und dass ich die Auseinandersetzung tiefer gesetzt, tiefer gemacht habe als anfangs geplant, ist auch der Aktschluss überzeugender, denke ich.

Al Kasim

Nach der Pause sind wir dann im sechsten Tableau, dem mit der Überschrift „Kipungani". Es beginnt (im Garten von Dijab, dem Tyrannen) mit der ersten Begegnung zwischen der schönen Prinzessin Badi'at und unserem Kasim. Musikalisch muss und wird es ja ganz was anderes sein als im ersten Teil der Oper, und das nicht nur der Abwechslung halber. Dieses Duett ist inzwischen schon in der Reinschrift. Ich habe Dorn und Rose meine Vorstellung vom Aussehen Kasims beschrieben, ein wenig vielleicht wie eine Gestalt von Signorelli, oder eine von Giorgione, zum Beispiel der junge Mensch im Vordergrund der *Tempesta*. Es sollten wirkliche Tableaus werden, erzählerische Bilder, Geschichten. Zu Beginn unserer Kipungani-Szene tönt die Nachtmusik für eine Weile sozusagen realistisch, das heißt, dass sie zur *bruitage* gehört, Gesang von Nachtigallen, Kröten und Fröschen. Vielleicht ein Hund in der Ferne, oder ein Wolf. Nach einer Weile elektronischer Nachtmusik kommt das Orchester daraus hervor, und man hört ungefähr fünf Sekunden lang die Stimmen der Blumen, Vokal-Soli, und dann kommen auch schon Kasim und sein Dämon reingeschlichen, und unser Held entdeckt natürlich sofort die schlafende Badi'at und findet, dass sie sehr schön ist. Daraus entwickeln sich zwei Monologe, die locker aufeinander bezogen sind und (natürlich) gleichzeitig ablaufen. Unser Dämon ist auf eine Mauer gestiegen und passt von dort auf, oder aber er hat sich vielleicht in einen Baum platziert und lässt von dort seine Warnrufe erschallen. Während der Komposition dieses Ensembles habe ich hier und da eine Silbe verändert, oder auch mehr als eine, meist um den melodischen Vorgängen und Erfordernissen nichts in den Weg zu setzen.

Am 15. Januar Treffen mit Juliane Banse, unserer Badi'at el-Hosn wal Dschamal, in München. Sie kam ins Hotel, schob einen Kinderwagen vor sich her, in welchem sich Florian befand, der Sohn, der viel lächelte, aber manchmal auch weinte und deswegen gestillt werden musste. Es kam mir darauf an, Frau Banse die bisher existierende Musik vom sechsten Bild zu zeigen, um zu sehen, ob es ihrer Tessitura, die mir bisher nur von der Schallplatte her vertraut war, so genehm ist, wie es nun in meinem Manuskript dasteht. Auch wollte ich gerne von ihr wissen, welche ihre höchsten Noten sein könnten, wenn sie um Hilfe schreit, am Schluss der Szene mit Kasim. Wir haben da nun eine handschriftliche Eintragung mit Kugelschreiber von ihr: Der höchste angenehm zu hörende Ton ist ein eingestrichenes Cis. Sodass ich jetzt am Schluss das Duett und damit natürlich auch die Noten des Dämons in Richtung auf dieses Cis lenken werde, welches den Höhepunkt der ersten stimmlichen Leistung des Soprans an diesem Abend darstellen soll. Und ich werde dem Sopran eine obere und eine untere Quinte im Orchester dazugeben, also ein Gis und ein eingestrichenes Fis. (Merkwürdigerweise sind diese drei Noten auch den Anfangsnoten der ganzen Oper ähnlich, und kommen andeutungsweise auch schon mal zu Beginn des zweiten Teils vor, das heißt zu Anfang des sechsten Tableaus. Da ergeben sich also bestimmte Verwandtschaften und, wie zufällig, Beziehungen, die noch wichtiger werden können im Laufe der Zeit.)

Die Skizzen zum Duett Badi'at – Kasim (plus Einwürfe vom Dämon aufm Baum) sind somit fertig, ich arbeite schon an der Reinschrift, das heißt allerdings: die Tätigkeit des Orchesters muss ganz genau festgelegt und begrenzt werden. Ich darf nicht in den nahe liegenden Fehler verfallen, bestimmte henzesche Instrumentationsmanieren und Formen zu wiederholen (dazu hatte ich nämlich inzwischen schon des Öfteren geneigt)! Zum Beispiel, dass ich die Holzbläser in Gruppen auftreten lasse, statt sie gemischt vorzuführen. Das könnte im Lauf der Zeit ein bisschen stereotyp (um nicht zu sagen: langweilig) werden. Ich muss also zusehen, dass ich die Bläserfarben nicht immer in ihren komplementären Erscheinungsformen setze, sondern dass ich wechsle und mische, damit die Stimmung auf dem Theater zu der Art dessen, was die Bühnenfiguren machen, in einer wie auch immer gearteten und sicherlich möglichst abwechslungsreichen dialektischen Beziehung steht. Es ist nicht leicht, sich bei einem so umfangreichen Stück wie diesem „deutschen Lustspiel" alle zu beachtenden Komponenten immerzu vor Augen zu halten. Die Frage der Tempo-Organisation etwa, wenn zum Beispiel das sechste Bild, „Kipungani", mit einer Nachtstimmung anfängt, wo die Zeit stillzustehen scheint und keine Rhythmen die Handlung vorantreiben, da kommt nun als Nächstes ebendieses Duett mit Badi'at, das fängt nun schon ein bisschen rhythmisch belebter an, ich vermute, dass die beiden jungen Leute bewegt sind voneinander (oder von sich selbst) und dass ihre Herzen pochen. Deswegen gibt es also zwar kein Pochen in der Musik, aber doch Bewegung, Erregung. Und nun wird ja Kasim im Laufe dieses Duos immer etwas kühner im Umgang mit der jungen Dame und nimmt sich schließlich sogar heraus, sie zu umarmen, und das mit einer solchen rustikalen Wucht! Das hat sie ja auch schon geahnt, darum hat sie ja auch immer schon mal zur Vorsicht geraten und um Rücksicht gebeten, oder? Musikalisch handelt es sich um eine steigende Erregung. Zweimal kommt es zu einer Art *meno mosso*, es wird ein bisschen ruhiger. Dann geht es aber wieder los, spätestens nach ein paar Dutzend Takten, in das alte (neue) Allegro-Tempo. Kasims sexuelle Unbeholfen- und Unerfahrenheit wird auch eingebracht, indem die Musik plötzlich ein bisschen *Alla Turca* spielt, zu unserem Vergnügen.

Und dann kommt eben, wie gesagt, nach Badi'ats hohem Cis, eine neue Musik, ein neues Tempo, eine Veränderung: Das ist der Auftritt der Soldaten, des Personals und schließlich des Tyrannen von Kipungani selbst, des alten Dijab. Der ist zu unser aller Überraschung recht nett, vielleicht schon deswegen, weil er die Badi'at so sehr schätzt und verehrt (und begehrt). Aber da muss eben jetzt eine ganz andere Musik her, vielleicht ein bisschen janitscharenhaft? Vorher haben wir uns in so einer Art von A-Schlüssel befunden und bewegt, a-Moll, F-Dur, C, in solchen Regionen. Und polytonal oder bitonal ist es zugegangen. Nun muss was anderes her.

Samstag, den 3. Oktober, gingen Fausto und ich in Rom in die Via della Conciliazione und hörten Myung-Whun Chung meine Einrichtung der wagnerschen Klavierlieder spielen. Die Solisten waren Sonia Ganassi und Detlev Roth. Dirigent, Soli, Chor und Orchester von Santa Cecilia waren in bester Verfassung, so hatte ich also ein gewisses Vergnügen. Es war ganz nützlich, dieser selbst gemachten Instrumentation nach längerer Zeit wieder einmal in natura zuzuhören. Ich habe gut aufgepasst, besonders was die Vorgänge in den Bläsern betrifft, denen gegenüber ich ja doch bekanntlich in letzter Zeit eine gewisse Unsicherheit entwickelt hatte. Die kommt wohl einmal aus der oben schon angedeuteten Sorge, dass ich mich wiederholen und bestimmte klangliche Phänomene einfach nachschreiben könnte statt Acht zu geben, dass der Klang immer neu ist und frisch bleibt. Was er ja nur werden und bleiben kann, wenn man genau hinhört beim Schreiben, hineinhört, bis alles ganz konkret und aufschreibbar geworden ist. Die Zweifel haben in letzter Zeit mal wieder zugenommen, gerade jetzt, gerade heute, wo das Problem vielleicht doch (dank jahrzehntelanger Erfahrung) ganz inexistent hätte geworden sein sollen. Man muss auch noch andere Dinge bedenken, zum Beispiel dies: Ich liebe ja zwar sehr die Hörner, die Posaunen und die Trompeten, aber wenn gesungen wird, müssen sie sich zurückhalten und am besten schweigen. Also wenn eine hohe Stimme singt, kann man sich tief liegende (am besten gedämpfte) Posaunen gerade noch so vorstellen, auf Grund der Luft, der Kluft, die zwischen den beiden Klangkörpern besteht. Auch Hörner kann und muss man stopfen, aber bitte nicht dauernd, sonst würde auch das zum Taedium, nicht zuletzt für die Hornisten selber. Die Streicher kaschieren ein wenig meine die Holzbläser betreffende Unsicherheit; sie fangen Übertreibungen auf, verbergen das Ungehobelte. Das alte Problem ist und bleibt: Wie unterhält man seine Zuhörer, zwei Stunden lang, ohne sich zu wiederholen? Wie kann man ihr Interesse wach halten, erneuern, auffrischen?

Neulich machte ich einen Spaziergang mit dem jungen Dirigenten Johannes Debus, und mit uns war Dario, der aus der Romagna angereiste Neffe des guten alten James. Er ist ein sehr hübscher Whippet, mit wunderbar ausdrucksvollen, vom Großvater geerbten Augen, langen weißen Läufen und weißer Brust und einem sehr schönen Mantel, getigert, und er springt lustig dahin. Und ganz besonders lustig werden seine Sprünge, wenn er ein Huhn erblickt. Das war neu für mich, und ehe man es sich versehen hatte, war das Huhn, *la poule*, schon gepackt und mit einem einzigen Biss ins Jenseits befördert!

7. Kapitel

Marino, Ende Februar 2002
Zuweilen kann der Fernsehzuschauer etwas mitkriegen von den Käfigen in Guantanamo, aber wenig nur von den Insassen, den repressiven afghanischen Koranschülern, des calvinistischen Talibanentums verdächtig, sie scheinen maskiert, und man hat ihnen die gottgewollten Bärte abgeschnitten, sie tragen merkwürdige orangefarbene Overalls, sind an Händen und Füßen gefesselt und verbringen ihre Tage vorwiegend damit, in ihren kleinen Käfigen auf und ab zu gehen, oder sagen wir besser: zu hüpfen und zu humpeln. Fünfmal am Tag ruft Allah zum Gebet. Wenn sie ihre Notdurft verrichten müssen, werden sie von weiblichen Wachsoldaten zum Abort begleitet und beobachtet. Wir wissen nichts über sonstige Misshandlungen, können es nur ahnen, entnehmen es den Protesten von Amnesty und Rotem Kreuz. Heute steht in der Zeitung, dass 100 von den 450 Gefangenen in den Hungerstreik getreten sind. Neulich sagte Studienrat Rumsfeld, man würde nun wohl doch dieses Zwangslager wieder auflösen und die Verbrecher ins heimatliche Afghanistan zurückbringen. Diejenigen unter ihnen, die eine britische Staatsbürgerschaft haben, werden gar nach England geschickt, damit man sie dort juristischer Sonderbehandlung unterziehen möchte.

Die kriegerischen Vorgänge im Osten, nicht zuletzt, oder ganz besonders, die Einmischungen der westlichen Welt, haben für mich etwas Unheimliches und erfüllen mein Herz mit Trauer. Diese verstärkt sich noch immer und wird zu einem Dauerzustand, einem nicht enden wollenden Schmerz.

Wenn der Tag früh genug anfängt, das heißt, wenn man von der Schlafdämmerung direkt an den Schreibtisch gelangt, dann geht das Arbeiten noch einigermaßen flottweg voran. Weh mir, wenn die Erinnerungen sich schon früh zu Worte melden, was sie neuerdings gern schon mal völlig unverblümt und ohne Einführung oder Erklärung tun mögen – sie zerbrechen, zertreten das Wohlbefinden, die schwer herstell- und doch unverzichtbare Ausgeglichenheit – man glaubt es kaum, aber es sind tatsächlich sage und schreibe Besuche des Bösen, in Form realistischer Szenen mit Libretti und Pantomimen aus dem bilderreichen Kompendium der Kindheit, der Jugendzeit, der Studienjahre. Allen gemeinsam ist eine gewisse persönliche Kaltherzigkeit, die sich gern zwischen den anderen Menschen und die eigene Seele zu legen pflegte, ein *defense system*, aus dem heraus jederzeit Ausfälle geritten werden konnten und wurden. Stürmisch ging es da zu, und die Begriffe von Anstand und Moral zergingen wie Häcksel unter den Hufen der diabolischen Kampfmetzen. Noch heute – oder heute mehr denn je? – muss ich mich kopfschüttelnd wundern über das Ausmaß von Erfrechung und Niedertracht, das ich immer wieder mal anderen Menschen gegenüber mir herauszunehmen genötigt fand. Wie war das nur möglich? Ich weiß also, aus ganz persönlicher Erfahrung, was Bosheit ist, weiß auch, dass sie gern aus dem Bedürfnis nach Rache entsteht, dass sie sich zusammenbraut, um erlittene Schmach heimzuzahlen oder auch um sie a priori zu verhindern. Aber warum muss das alles erst jetzt, nach

Jahrzehnten, wieder aus der Senkgrube auftauchen? Vielleicht hat diese verbundene Menschenverachtung auch etwas zu tun mit den schrecklichen Jahren „außer Haus", im Krieg und danach, wo man immerzu sein stolzes Selbst vor Kränkungen und Verletzungen in Schutz nehmen zu müssen glaubte und wo man es vorzog, andauernd zu schweigen. Niemand sollte ja wissen, was da drinnen tatsächlich vor sich ging.

London, 6. März
Die Flammen des afghanisch-amerikanischen Krieges schlagen erneut gegen die Himmelshöhen der schweigenden, schneebedeckten Felsgiganten von Tora Bora. Die Taliban haben gestern da oben zwei Chinook-Hubschrauber der US-Armee abgeschossen. Es ist Krieg!

Wir sind vorgestern abends in London gelandet, alles war einfach und ereignislos. Ich war sehr müde und bin gestern total arbeitsunfähig gewesen. Heute aber, es ist noch dunkel draußen, möchte ich den Auftritt des alten Tyrannen Dijab ins Reine schreiben. Die ganze vergangene Woche hindurch habe ich daran gearbeitet, das heißt an seiner Rede an Badi'at und ihre Freunde, eigentlich auch an Dijabs kleinen Hofstaat, und letzten Sonntag habe ich sogar seine Arie „Glanz erfülle mein Land" durchskizziert. Es kam mir darauf an, das Quäntchen Ironie mit den wahren, fast noch kindlichen Emotionen dieser Menschengruppen zusammenzutun, und das scheint womöglich im Ansatz gelungen. Bin noch in London.

In Marino neulich war meine Welt die ganze Zeit hindurch von einem ungewöhnlich starken Sonnenlicht durchflutet, und man konnte vom Arbeitszimmer aus wieder einmal links (westlich) das offene Meer, rechts ultraviolett die Gebirgszüge der Abruz-

zen, im Norden, jenseits der Hauptstadt, die preu-
ßischblauen Vulkane Etruriens und natürlich im Süden, uns selbst zu Füßen, den großen Vulkan namens
Monte Cavo ausmachen. Glanz erfüllte mein Land.
Letzten Mittwoch am (27. März) war der Vollmond
ganz erstaunlich, aber er war nicht rund, sondern
oval, hatte sich der Sonne um sechs Prozent mehr ge-
nähert denn je. Etwas größere Arbeitskraft hat sich
eingefunden, und die Freude daran wird dankbar zur
Kenntnis genommen. Gestern Abend mit Fausto und
Olly indisch in Bayswater, leider war es ein lautes,
von Berufskettenrauchern frequentiertes Lokal, ich
bin ja doch solche Ortschaften gar nicht mehr ge-
wohnt und bin ihnen nicht mehr gewachsen, so war
ich also nicht besonders guter Dinge, hätte mir die
nötige Ruhe gewünscht und frische Luft, um an das
tüchtige Fräulein Badi'at in der Wiedehopfoper zu
denken und an die ihrem Kasim nebst Dämon bevorstehende Reise in die Freiheit, nach Matandoni.

Schlagzeilen auf der Titelseite von *The Guardian*
von Freitag, dem 8. März 2002: „From Suez to the
Pacific: U. S. expands its presence across the globe."

Marino, 4. April 2002

Letzte Woche, es war Ostern, bin ich mit Freunden
tief in die Abruzzen hinein und hinauf. Es war ein eisiger, kristallklarer, blitzend glühender Sonntag. Gegen Mittag waren wir in Santo Stefano di Sessanio
(1700 Meter) und sahen nun etwas entfernt den zum
Gran Sasso gehörigen Gebirgszug, der sich von Süd-
nach Nordosten hinzieht, blau, schneeweiß, gläsern
durchsichtig. So müssen die Berge in Afghanistan
sein, dachte ich, nur dass die Temperaturen dort unter dreißig Grad liegen, von Windstürmen des Hima-
laja herüber geblasen, um die anglo-amerikanischen

Invasoren bei ihrer Vernichtungsarbeit zu stören. Aber es waren weit und breit keine Menschen (und auch keine Tiere) zu sehen, alles schwieg, eisig und zart.

Vor ein paar Tagen am Morgen vors Haus tretend, laut und nah und deutlich die Upupa-Rufe gehört, ein bisschen wie Trompetensignale. Habe mir daraufhin einen Ruck gegeben und das Konzertat des Tyrannen Dijab durchskizziert, das wäre die Nummer, worin er Al Kasim und Badi'at von der Wunderkiste erzählt, deren Inhalt niemand kennt, die er aber unbedingt sein Eigen nennen möchte. Dieses Konzertat, das den endlichen Abschluss von Tableau sechs bedeutet, besteht aus vier bis fünf unterschiedlichen Einzelteilen, aus denen der Komponist später dann, womöglich viel später, nämlich vielleicht erst im zehnten Tableau, die zu variierenden Grundmaterialien zu gestalten hofft, aus denen ein lustig-barbarischer höllischer Tanz sich entwickeln möchte, eine Rute, eine Strafaktion (weh dem, der lügt!), mit der Adschib und Gharib, die hundsgemeinen Brüder unseres Kasim, ihre wohlverdiente Abreibung erleben sollen. Seit wir zurück in Marino sind, geht die Arbeit munter voran – in London waren Hindernisse aus dem Weg zu räumen, nicht zuletzt auf Grund der trostlosen Wetterlage. Ich arbeitete jeden Morgen auf die Ankunft des Morgenlichts zu und erhoffte mir was Neues und Klares. Stattdessen brachten neuer Dunst und neuer Nordwind weitere Erinnerungen aus Kindheit und Jugend zurück, als Farb- und Tonfilm (davon ist ja hier in diesen Zeilen lästigerweise andauernd schon die Rede gewesen), es hemmte den Verfasser, weil es ihm fast nie gelang, die mit den Geisterbildern verbundene Trauer ordentlich und ordnungsgemäß abzuschütteln. Tagsüber dann je-

100

Olivengarten in Marino

weils ein kleiner Spaziergang, viel kürzer als früher
(kam nicht einmal bis zum See), Fausto trifft, auch er
betrübt, seine Freunde, wir besuchen abends mal den
und mal jenen – waren wir nicht einmal auch im Kino? Peter Maxwell Davies kam vorbei, der war guter
Dinge. Auch Mark Turnage schaute vorbei, und einmal gingen Fausto und ich zum Chester Verlag nach
Soho und brachten Wiebke Busch, Head of Promoti-
on, ein Stück aus Tableau sechs. Als Robert Wise, der
Präsident von Music Sales, mich besuchen kam, war
bei mir gerade ein Hexenschuss ausgebrochen (vielleicht auf Grund eines unbemerkten, nicht beachteten
Windzugs?), und ich saß bewegungslos auf einem
Stuhl, und das war zu Anfang der letzten Woche, da
war es dann ganz aus mit dem Schreiben, so strafet
der Herr die Sündigen. Am 24. März (Palmsonntag)
waren wir wieder in Marino, die Schmerzen hatten
nachgelassen, ich konnte wieder schreiben und tat es
auch, immer beeinträchtigt von der schlechten Wirklichkeit, skandalisiert, verschreckt und ungemein
trauervoll besorgt. Tödliche Spannungen, wie Vor-
spiele und Anfänge eines neuen Weltkriegs, liegen in
der Luft.

Die Form des Szenenabschlusses von Tableau sechs
nimmt auch ohne mein Zutun Gestalt an, also lasse
ich es geschehen und beobachte die Vorgänge wie ein
neugieriger Fremder, oftmals geradezu dankbar
(wem?) für die Flüssigkeit und Leichtigkeit, mit der
sie ausnahms- und freundlicherweise stattfinden. So
ist es ja nur selten, eigentlich ist es so nie, aber wer
möchte den Vorgängen, dem geschwinden (automati-
schen?) Bleistifttun pessimistischen Einhalt gebieten?

Allerdings waren heute Morgen, am 6. April 2002,
die Ergebnisse dann doch nicht besonders überwälti-
gend. Man muss es wegstreichen, oder amputieren,

oder ganz neu machen, Note für Note behämmern, bis etwas anderes daraus geworden ist, vielleicht gar etwas, woraus die anfängliche (sujetgerechte) Absicht doch noch einmal hervorschimmert.

Noch einmal London: Eines Tages kam Roderick Watkins und brachte seine mit Unterstützung der Natural History Sound Library in Bristol gefertigte Sammlung von Tierlauten, besonders solche der Upupa, aber auch den Hahnenschrei, den Unkenruf, das Löwengebrüll, den Kauz, es war sehr liebevoll und charmant, und ich hatte Freude, dieses Grundmaterial zu hören, Lebenszeichen aus der Wildnis, aus dem nun vielleicht die kleinen Zwischenspiele für die Oper gemacht werden sollen. Auch der Flügelschlag des Wiedehopfes war dabei. Und draußen regnete es, wie immer. Aber im Londoner Garten hat trotzdem ein Schwarzdrosselpaar genistet, Fausto sichtete die ersten drei Eier dort im Efeu, und man hörte zu Tagesanbruch ganz laut aufm Dach die Liebesmusik eines Taubenpaars, jeden Morgen, das war sone Art Trost und milderte alles. Wir sind in kein Konzert gegangen, nur einmal ins Haymarket Theater, um Vanessa Redgrave zu sehen in *Lady Windermere's fan*, was auch nicht gerade aufrüttelnd war, na ja, und liebe Freunde kamen vorbei, zum Beispiel Norman Rosenthal von der Royal Academy, ein Kerl von unglaublicher Vitalität, der schenkt einem immer etwas von seinem guten Mut und seiner wahnwitzigen Liebe zur Musik und für die alte Malerei, die er so phantasievoll auszustellen weiß.

Amsterdam, 14. April
Gestern Nachmittag mit Fausto ins Concertgebouw gegangen, einmal um Kammermusik zu hören (eine frühe Geigensonate, 1946 geschrieben, die ich ganz

vergessen hatte (oder vielleicht gar nie gehört), die Triosätze von *Adagio Adagio* (1993) und der *Kammersonate* von 1948 (revidiert 1963), wunderschön musiziert vom Osiris-Trio. Eine Stunde später dann die *Bassariden* konzertant, Markus Stenz dirigierte den Groot Omroepkoor, das Radio Filharmonisch Orkest, und als Solisten die Damen Anja Silja, Juliana Gondek, Elisabeth Laurence und die Herren Robert Chafin, Mark Holland, David Wilson-Johnson, Ian Caley, Quentin Hayes. Eine hervorragende Produktion, muss ich sagen, und dass ich nicht gedacht hätte, dieses Stück könnte mich jemals noch so anrühren, mir so nahe gehen wie gestern Nachmittag, inmitten der nordisch-nördlichen Mitmenschen. Hatte mit der Bekämpfung der Tränen und dem Schluchz-Schluchz zu tun, auch Fausto war ganz ergriffen. Der junge Dirigent hat von den Anfängen bis heute enorme sicht- und hörbare, wirkungsvolle Fortschritte gemacht, und er liest meine Musik so, dass sie einen Glanz und eine *consistency* erhält und ausstrahlt, auch eine stilistische Einheit, die ich ihr gar nicht mehr zugetraut und in ihr vermutet hätte. Beim Hören kamen dann nicht nur die Farben, die Visionen, das Glitzern und Glittern der Gestalten auf den Leinwänden Gustave Moreaus zum Vorschein, sondern es wurde auch ein Menschenkind lebendig, das Moreau so sehr bewunderte, ein früh todgeweihter römischer Jüngling, der Bildner Scarfiotti, Ferdinando, mit dem ja die Bassariden auch eine leicht emotionale Beziehung haben (schon vor zwanzig Jahren ist er dahin, hat sich aus dem Staub gemacht, in Hollywood, California). Auch der andere Gustav, Klimt, hat damals wohl Einfluss auf die Bassariden ausgeübt, na ja, und natürlich Beardsley – darum funkelt es ja auch so böse und teuflisch, kalt und verräterisch. Und es wirkt so, als sei es nicht nur Theater, sondern als ob hinter und unter den bunten klunkerbesetzten Faltenwürfen eben auch ein großes Leiden vor sich ginge. Das ist die andere Seite, das ist die Seite der fasziniert zu ihren Verführern aufblickenden Protestanten, denen Verderben und Verderbnis schon in die Geburtsurkunde eingetragen wurde.

O ihr zarten, zerbrechlichen, immerzu von Erschütterungen heimgesuchten menschlichen Wesen, wie seid ihr eigentlich doch so schön und rührend!

Mehr als ein Vierteljahrhundert ist seit ihrer Erfindung über diese Musik hingestrichen.

Nach dem Konzert gab es im Concertgebouw ein Fest für alle Beteiligten. Unter ihnen befand sich auch Laura Aikin, die damals in der Amsterdamer Nationaloper die Lulu sang. Sie ist ein amerikanisches Mädchen, sehr flexibel und begabt, und sie sollte es nun sein, welche die Rolle von Badi'at in Salzburg spielen würde, nachdem unsere Probendispositionen Frau Banses Mitarbeit leider unmöglich gemacht hatten.

Marino, ein paar Tage später
Vorgestern früh die Skizzen für das sechste Tableau abgeschlossen. Konnte es kaum glauben – es hatte doch so lange gedauert, jeden Tag war ja nur ein wenig, ein aus wenigen Takten bestehender Sektor, auf den Weg der Wahrheit gebracht worden. Aber nun war alles da, muss aber noch gut ausgearbeitet werden, was eher ein Vergnügen sein wird (das Abhören der alten *Bassariden*-Partitur neulich war ganz instruktiv in diesem Sinne, besonders was die noch immer von Zweifeln gesalzenen und geschüttelten Fragen der Instrumentation betrifft).

Im *Time Magazine* vom 15. April gibt es ein Farbfoto aus Guantanamo Bay, als Illustration zu einem

kleinen Ethik-Essay „How do we make him talk?",
und unter dem Foto steht: „CAMP X-RAY. A detainee is taken from interrogation in February." Man
sieht einen (wie immer an Händen und Füßen gefesselten) Afghanen hingestreckt auf einer fahrbaren
Bahre, ein Ami-Soldat zieht, ein anderer schiebt, der
Gefangene liegt da auf dem Rücken wie tot.

8. Kapitel

22. April 2002

In Oslo, letztes Jahr im Herbst, schenkte mir ein charmanter Kollege, der Avantgarde-Komponist Asbjorn Schaathun (Autor ganz filigranen, feinnervigen, leichten, oftmals spielerischen Geisterspuks), eine Studienpartitur von Sibelius' 7. Sinfonie, op. 105. Er sagte, dies sei für ihn auf der Welt die schönste Musik überhaupt, und dass er mich gern für sie gewinnen möchte – und zwar beileibe nicht etwa nur für op. 105 – und mich animieren, mein Verständnis und Verstehen dieser Musik und eine Neugier in ihre Welt zu entwickeln. Vielleicht auf dem Weg über Bruckner (doch nicht etwa Mahler?), dachte ich. Ein bisschen spät kommt diese Anregung auch, dachte ich mir, und erinnerte mich dann auch sogleich, wie mein Lehrer René Leibowitz in Paris einmal vor circa fünfzig Jahren einen wohl äußerst bissigen Artikel veröffentlicht hatte: „Sibelius, der schlechteste Komponist der Welt" oder so. Habe zwar diesen Aufsatz (oder war es sogar ein Buch oder eine Broschüre?) nie gelesen, mich dafür aber auch, durch den bösartigen Titel abgeschreckt und entmutigt, mit Sibelius und seinem Werk nie beschäftigt. Nur das Violinkonzert kannte und liebte ich zufällig, sogar sehr. Habe nun eine CD mit op. 105, lege sie manchmal auf und lese mit, möchte doch gern begreifen, wie es zu der großen Wertschätzung kommt, die Asbjorn für den Altmeister hegt, und ob vielleicht gar eine geistige Verbindung besteht zwischen seinem eigenen kompositorischen Tun und Denken und diesen unendlich tristen, resignatorischen, vorwiegend regnerischen Klageliedern des alten Sibelius, der ja (in einem gewissen Sinn) gar nicht alt war. Habe aber noch keine Erklärung dafür gefunden. Vielleicht ist es die Form (das Stück ist in einem Satz), der Umgang mit den Bausteinen? Ja, und die Musik ist hier leichter als sonst, es ist, als ob die parsifalesken Hornrufe vom Anfang zu neuem Spiel, zu größerer Heiterkeit aufgerufen hätten – die Sonne scheint, Eis und Meerwasser glitzern, man hat keine Angst!

Statt fleißig und täglich an der Reinschrift vom Schluss des sechsten Bildes zu werkeln, bin ich dann letzten Donnerstag in Genua mit Fausten in das Teatro Carlo Felice geeilt, um auf Wunsch und als Gast des Hauses die Londoner Inszenierung (Nikolaus Lehnhoff) von *Boulevard Solitude* noch einmal zu betrachten. Ich hatte etwas Zeit, mich ein wenig umzusehen in diesem ja wirklich wunderbaren, seltsamen, einzigartigen Genua, deren Bürger so viel Eigensinn aufgebracht haben, die Jahrhunderte hindurch, bei der Entwicklung eines so ganz persönlichen Schönheitssinns und einer unvergleichlich hasardeurhaften Eleganz. Das Meer ist unmittelbar da, im Hintergrund, es duftet nach Meer, und auch nach meeresbedingter Industrie, vom Fischfang en gros bis zum Schiffbau. Überall Zeichen von Modernisierung und Neuintegration, Wiederbelebung abgetakelter Zonen, Atmosphäre von Wiederaufnahme, neuen Inbesitz- und Inbetriebnehmens.

Marino, Pfingsten (19./20. Mai)
Das siebte Bild durchskizziert, und heute Morgen sogar mit der Niederschrift des Particello begonnen.

Liebrecht/Berlin berichtet telefonisch von Fortschritten bei Abfassung der Schönschrift des sechsten Tableaus, ein langwieriger Vorgang, weil es eine lange, längliche Szene ist. Nummer sieben ist wesentlich kürzer, es ist Radschis zweiter Angsttraum, Kasim betreffend und des Alten Erinnerungen an Untaten, an Ungutes, Verlorenheiten (Verlogenes vielleicht auch?). Hoffentlich fällt er nicht wieder aus dem Bett, worin er sich wälzt. Er denkt an den Wiedehopf, ruft ihn auch (zu einer einstimmigen Violinenlinie), wenn auch vergeblich. Und da gibt es nun einen schlagartigen Bilderwechsel, die Verwandlung zu Tableau acht (worin der Dämon uns von seiner mutigen, wenn auch schmerzlichen Erfahrung beim Diebstahl der Wunderkiste auf Matandoni berichtet), die unter Getöse stattfindet, ganz besonders mit Löwengebrüll (im Kanon) und Flügelschlag und Helikopterlärm. Das war aber auch höchste Zeit! Wenn gesungen wird, muss das Orchester sich ja doch ewig zurückhalten, das kann man schon bei Wagner lernen. Wir müssen nun sehen, dass die Wiener sich trotz nur kurzer Zwischenmusiken doch noch oft genug entfalten können. Dieter Dorn und Jürgen Rose, mit denen ich am 6. Mai in München ein gutes instruktives Gespräch hatte, fanden beide, dass wir keine Umbaumusiken vor gefallenen Hauptvorhängen benötigen, sondern dass es wichtiger und vernünftiger wäre, schnelle Verwandlungen durch- und vorzuführen, die das Gefühl von Leichtigkeit vermitteln können, von Schwebendem und Leichtfüßigem.

Unsere Gespräche waren für mich recht einleuchtend, und es sieht ganz so aus, als seien wir glücklicherweise alle drei in der gleichen geschmacklich-stilistischen Richtung orientiert. Wir möchten da eine angenehme, annehmbare Beziehung herstellen, und alles soll Leichtigkeit und Grazie haben. Im Vordergrund des Gesprächs standen technische Fragen wie beispielsweise die nach der Flugmaschine: Wie soll sie aussehen, wie soll sie funktionieren? Und was ist mit dem Flug in die Freiheit, den der Wiedehopf im zehnten Tableau vollziehen wird? Und die Wunderkiste, die immer größer werden muss, um schließlich drei Trommler, drei Trompeter, drei Hornisten und drei Pfeifer aus ihrem Innern hervorbringen zu können, was ist damit? Hierzu waren keine Antworten parat, das Einzige, was man wirklich weiß, ist dies: Es muss und wird für das ganze Stück eine stilistische Grundharmonie geben, einen allumfassenden stilistischen Generalbass (vielleicht müssen statt der zwölf Musikanten irgendwelche weniger umfangreichen Wesen der Kiste entspringen?).

Täglich, vorwiegend frühmorgens, an den Particelli von Szene 7 gearbeitet. Wahrscheinlich werde ich morgen damit fertig, sodass ich, während der Mond noch wächst, mit dem Nachspiel beginnen kann, was ja gleichzeitig das Vorspiel zu 8 werden soll. Freundlicherweise ist mir was eingefallen, die großen Soli des Dämons betreffend: Streichinstrumente sollen da konzertieren und ihn umspielen und umschmeicheln, diesen dämonischen Tenor.

Gestern, wahrscheinlich nicht nur auf Grund des Alters, sondern auch aus Gründen meteorologischer Unzulänglichkeiten, habe ich die meiste Zeit schlafen müssen, eine ungemütliche Tag- und Nachtruhe, jeweils eine Stunde lang, dann Erwachen nach einem Traum, vorwiegend der banalen Art, den Schluss noch erinnert und harmlos gefunden, und schon wieder nichts wie weg in einen anderen ähnlich uninteressanten, ohnmachtartigen Tiefschlaf.

111

„Der Raubzug" (das achte Tableau)

Der Dämon ist inzwischen in Matandoni gewesen und hat dort tatsächlich die ominöse Wunderkiste gestohlen (bisher eher das Eigentum des namenlosen Diktators), auf der er nun Platz genommen hat, um sich von Badi'at und Kasim die bei seiner unerhört waghalsigen Skorribande erlittenen Wunden waschen und verbinden zu lassen und um uns seine Abenteuer zu erzählen. Das achte Tableau ist ganz dem Dämon zugeeignet, und der Orchesterklang ist tatsächlich fast ausschließlich wie geplant für die Streichinstrumente reserviert. Inzwischen ist alles Wirklichkeit geworden, und morgen fange ich schon an mit der Ausarbeitung des Particello. So kann ich die ersten Julitage zu einem Abschluss gelangen und auf das nächste Tableau zugehen.

Ohne Datum:

Heute Morgen weht ein kühler Sommerwind, wie freundlich vom guten Aeolus (der uns vierzehn Tage im Stich gelassen hatte), mal wieder vorbeizurauschen.

Nun wollen wir versuchen, den Ablauf des achten Tableaus zu beschreiben. Wir müssen unseren Hörern klar machen, dass unser Dämon eigentlich zart und rein ist, und dass Skorribanden wie dieser Matandoni-Exkurs nicht zu den Hauptaufgaben in seinem Leben gehören (übrigens ist er ja wohl auch unsterblich). Also fing ich so gegen Ende Mai, Anfang Juni mit einer zarten Zweistimmigkeit an für Bratschen und Celli. Dieses kleine sechstaktige Bicinium kann und soll wie ein Porträt des Dämons gesehen und gehört werden. Mit diesen Noten wird dann auch die Musik zwischen 8 und 9 beginnen, von der ich im Augenblick nur weiß, dass sie vielleicht (vielleicht!) „Upupas Klage" heißen soll. Wenn der liebe Dämon nun anfängt, seinen Raubzug zu schildern, bekommen wir den Eindruck einer brillanten Konzertarie, mit Koloraturen und Trillern. Die Begleitmusik wollte gern stilistisch in dieser Manier verbleiben, bis zum Schluss der Szene. Es gibt einige Schmerzensschreie des Dämons, die hier und da die Erzählung blitzartig unterbrechen, wenn immer die beiden Freunde, Badi'at und Kasim, bei ihrem Krankenpflegertun allzu grob vorgehen oder wenn die Überempfindlichkeit des Dämons wieder einmal die Oberhand gewinnt.

Später werden diese Interpunktionen durch Jagd- und Gewehrschüsse des namenlosen Diktators fortgesetzt, im Moment weiß ich nur, dass es insgesamt fünf Schüsse geben wird und jeder ein wenig lauter werden soll, weiß auch die Stellen, an denen es dermaßen knallen muss und schallen (der namenlose Diktator kommt näher, entsetzlich). Wie es aber technisch und in welchen akustischen Verhältnissen oder Missverhältnissen es sich abspielen kann beziehungsweise muss, das weiß ich bis zum heutigen Tage noch nicht. Was ich hingegen schon weiß und was mir eine gewisse Genugtuung verschafft hat, gerade eben beim ersten (!) Durchlesen, dass diese Skorribande musikalisch wirklich flottweg vonstatten geht, flott ihres Weges zieht und eine gewisse Komik hat, die dringend gebraucht wird im Nachhinein zu des alten Mannes Nachtmahren und bevor die Dinge im neunten Tableau ganz heikel, kriminell und beängstigend werden.

Sonnabend, 1. Juni 2002
Wystan Auden kam näher heute Morgen durch den leichten Frühnebel hemdsärmelig hügelan, jugendlich, durch einen Wald zurückgeschnittener Weiden. Andererseits sah man und roch eine kleine Gruppe schlam-

pig gestiefelter und raubeiniger Soldateska, balkanisch fremdenlegionärhaft anmutend, sie bewegte sich lässig und stinkig in den Hüften zu einer Art *Andante moderato*, blieb mal stehen, machte wieder ein paar Schritte vom Kartoffelland aufs Tomatenland hin. Es ist ein stiller Morgen, ich habe unruhig geschlafen wegen der Musik, dabei ist es gestern doch ganz ordentlich zugegangen, ein paar Fortschritte wurden gemacht beim Ausbau von Tableau acht. Augenblicklich ruft eine Wildtaube vorm lärmenden Hintergrund der westlichen Zementmühle in Santa Maria delle Mole. Den Wiedehopf allerdings habe ich heute morgen wieder mal weder gesehen noch gehört.

Im römischen Kaffeehaus (im Greco, in der Via Condotti) saß andererseits die Inge Bachmann am Nebentisch mit Fremden, stumm, wie eine Fremde, schien mich nicht zu kennen, sollte ich mich vielleicht noch einmal vorstellen? Oder die Augen aufmachen (die ein wenig brennen) und aufstehen und schreiben?

Tableau acht kriegt etwas (hoffentlich ausreichend) Künstliches, nicht zuletzt deshalb, weil die wesentlichen Teile davon zu einem Dämon gehören, der ja eine ganze Aura von Korrelationen benötigt, um sich in seiner Neuartigkeit verständlich und liebenswürdig zu machen, und wirklich aus den Dimensionen des Schlafes, des Todes und der Hypnose herüberreicht in unsere Gegenwart, unseren Alltag, was wir mit Aufmerksamkeit zur Kenntnis nehmen und in künstlerische, künstliche Wirklichkeit umsetzen sollen. So schrecklich es war, den Monolog von Tableau sieben zu schreiben, so grau und blutig und so voll mit Wunden und Frostbeulen aller Art, so lustig scheint mir jetzt der erfinderische Umgang mit dem Leichten und Phantastischen der anderen Welt, einer Welt, die es noch gar nicht gibt, in der es aber angenehm sein soll, gut gelaunt, gemütlich, und wo die Tränen trocknen können.

18. Juli

Hier folgen nun Ausschnitte einiger Briefe an einen jenseits der Gebirge im Theater des Nordens beschäftigten Jugendfreund, einen zierlichen Musikmacher, Variante des Hächi Büm-Büm, real existent und doch eher eine Märchengestalt. In diesen Briefen ist allerdings nun auch die Weiterentwicklung der Wiedehopf-Musik zu verfolgen.

Lieber guter Teofil,
ich unterbreche mal kurz die Composition und schicke Dir 1 lieb gemeinten Gruß nach Ulmershausen. Sodass, wenn Du heute Abend von der Probe zurückkommst, dieser Gruß Dir vielleicht aus der Fax-Maschine zuwedeln möge.
In Mü., wovon ich gerade zurückgekehrt bin, hat es viel geregnet, und ich habe letzten Sonntag Vormittag um 11 in den Kammerspielen das ganze Upupa-Libretto vorgelesen, was eigentlich soweit ganz lustig gewesen ist. Die Sache dauerte allerdings 1 Std. 15 Min., und natürlich fehlten die reinen Musik-Einwürfe, die das Ganze um so & so viele Minuten noch verlängern werden, wenn es denn mal so weit ist. Nun bin ich ja wieder in Marinen & habe auch Tatsache mit Szene 7 angefangen, was sollte ich sonst thun? Lesen, ja, und das tue ich auch, allerdings verrate ich Dir nicht was es ist das ich da lese (es sind z.B. nicht Theos gesammelte Briefe!) (auch nicht Goethens), heute Morgen ist das Komponieren ganz gut vonstatten gegangen und jetzt gehe ich einen schwimmen. Olly Knussen rief gestern abend an & sagte Anmutiges über eine in NYC erworbene Video-CD mit

„A Tempest", dem 1. Satz von des Unterzeichneten Zehnter, dirigiert von Simon Rattle. Es hat Ollen sehr gefallen, während ich nicht einmal von der Existenz dieser Aufnahme wusste.

Im August am 17ten werden wir ja nun die ganze chose hören, in Luzern, irgendwie freue ich mich schon jetzt darauf. Hoffentlich kann ich den Maestro Teofilos damit beeindrucken, wenn er sie dann mal hört – das ist mir ja doch immer das Wichtigste.

Sicherlich hast Du viel Freude an & Mühe mit den schwierigen Meistersingern, und Metikulöses mit dem Amleto. Ich möchte immer, dass Du Freude an Deiner schönen, oft dollen Arbeit hast und dass Du mich bei alledem trotzdem nicht total vergessen möchtest!

Acht Tage später:
Der Pleckshauser Theatergarten wird Dir nicht nur von seinem Anblick her gefallen, zumal Du ihn wahrscheinlich schon kennst aus den Tagen der Kindheit, sondern auch vom wilden Knoblauch-Geruch her, vom Regen, von den Enten & Schwänen & Blüten und vom Gesang der Tag- und Nachtigallen. Schade, dass ich nicht kommen kann, Bodinis neues Stück zu hören, aber ich muss halt hier bleiben & einige Dinge tun. Keine Zeit zum Jazzen & zu alt zum Joggen. Hatte gedacht, heute früh das 7. Tableau zu beenden (die Skizzen dazu), aber es überkam mich wieder mal son Taedium – aber was schon mal da steht auf dem Pentagramm bisher, das ist ja so weit ganz lustig, ich meine im übertragenen Sinne: Es ist ja ein Angsttraum des Al Radschi el-Din, also eine Folge von geträumten Ängsten & Nöten, vorwiegend betreffend die 3 Söhne, und seine Schuldgefühle diesen und anderen Leuten gegenüber. Vielleicht kriech ich es morsche feddisch. Glücklicherweise existiert eigentlich kein Zeitdruck.

Einige Zeit später:

Hochverehrtes & verdienstvolles Abendlicht,

heute Morgen früh wurden endlich die letzten Noten von Tableau 7 aufs Pentagramm gedonnert. das Schönwetter ist zurückgekehrt (der Scirocco vorüber) und alles ist still (der Alte hörte allerdings vorhin die Upupa ihre Signale verschießen wie verrückt im Nordosten) wie nach einer verlorenen Schlacht. Freundlicherweise sind mir vorgestern im Halbschlaf ein paar Töne (wie schwarze Murmeln) in den Querkopf gerollt, so was wie eine etwas infantile Weiterentwicklung des schumannschen Abegg-Variations-Gedankens vielleicht. In dieser Musik nun soll das Tableau Nr. 8 untergebracht und eingerichtet werden. Habe den Kasim angerufen, um ihm zu sagen, dass seine Hauptnummer nunmehr in Angriff genommen wurde. Er will es sich in sein Tagebuch schreiben – wenn man solche lieben & tüchtigen Mitmenschen nicht hätte, die manchmal an 1 denken, weil sie was von 1 halten, wie kümmerlich wäre es dann wohl? Ich denke, wie Du gerade jetzt hinübergehst zum Spielort, an dessen Hauptportal doch 2 wunderbare riesig große Fliederbäume in Blüte stehen. Oder mal standen? Bin einigermaßen sicher, dass Du 1 gute Zeit dort hast & wünsche viel Freude & Erfolg – Dein Benedikt.

Ende Mai

Mein Dämon sitzt ja nun auf der von ihm auf Matandoni gemopsten Zauberkiste, seine Wunden werden von Kasim und Badi'at gewaschen und verbunden. Einstweilen hat der Dämon nur Streicher zur Gesellschaft, die anderen sollten mal pausieren – aber bitte nicht in die Kantine gehen, sondern sitzen bleiben, zuhören und sich am besten die Lippen 1 wenig mit

Vaseline balsamieren, in Vorbereitung auf den nächs-
ten Effort. Man muss an alles denken, nicht zuletzt
an die allgemeine Konzentrationsfähigkeit im Saal,
im Graben und überall überhaupt.

Jetzt isses 10 vor 7, Du, Teofil, könntest Dir ja die-
ses Fax direkt noch flugs auf die Frühstücksstulle
schmieren. Wollte eigentlich noch was Neues brin-
gen, aber es gibt nichts! Nur ein paar Noten, na ja,
und dann die beschämende Nachricht, dass es gestern
hier (20 Km. südwestlich von Marino) in Pratica di
Mare einen pompösen, protzigen, angeberischen,
peinlichen Theater-Skandal gegeben hat (einen wirk-
lichen „Gipfel")[4], mit allen Hauptdarstellern persön-
lich anwesend, darunter Putin, Blair, Schröder, Bush,
die sich alle außer Chirac von Berlusconi haben küs-
sen lassen, all'italiana. Und Tausende von Schutzleu-
ten und Gerätschaften waren im Einsatz, sogar Un-
terseeboote, ach mein Gott, zum Schutz der Großen.
Bin gespannt auf die Weltpresse und auf die Kom-
mentare im heurigen Parlament. Du musst jetzt noch
1 Honigbrötchen einwerfen, und ich muss den Kater
treffen & streicheln & bürsten und dabei an Teofil
denken und an die heute zu setzende Musik. Es gibt
noch so viel zu tun!

Marino, 1. Juni 2002
Der kalte Ostwind hat sich verzogen, so ist es nun
ganz angenehm hier. Habe auch entsprechend or-

---

[4] Gemeint ist das NATO-Gipfeltreffen in Rom im Mai 2002, an
   dessen Rande die Staats- und Regierungschefs der 19 NATO-
   Staaten und der russische Präsident Putin auf dem NATO-
   Luftwaffenstützpunkt Pratica di Mare bei Rom ein Partner-
   schaftsabkommen trafen, dessen oberste Aufgaben Terroris-
   musbekämpfung und Katastrophenschutz sein sollten.

Theaterszene

dentlich gearbeitet & will das auch weiterhin noch thun. Ich denke aber auch immer mal 1 bisschen an Dich, unter Verwendung von Trillern und Doppel-Flageolettens! Hier & da mal ein Tremolo auf dem Geigensteg (sul ponticello), aber das ist es dann auch schon.

Umarmung Benedikt

13. Juni

Hier ist inzwischen der Sommer echt eingekehrt, Rückfälle sind ziemlich unvorstellbar. Ich arbeite am Schluss von Nr. 8 (in Skizzen) und werde dann wohl an Tableau 9 werkeln, nachdem du mir die Freude Deines Besuchs gemacht haben wirst. Augenblicklich wird das Haus neu gestrichen (das 1. Mal in 50 Jahren!), damit es recht prächtig & fein aussieht für die Sommergäste. Sonst sind keine Ereignisse zu melden, außer dass der Fuchs vor 2 Nächten unseren schönen Hahn getötet und auch sonst viel Verheerung angerichtet hat. Das ist die Zeit, wo die Raubtiere (auch Marder, Ratten und Hermeline) alle Scheu ablegen und überall einbrechen, damit sie was zu fressen finden für die lieben Kleinen zu Hause. Unsere Hunde schlafen währenddessen, weil sie sich zu fein vorkommen, um sich als Wächter oder etwa gar als Schlächter zu betätigen.

Ich höre Schritte auf der Treppe: Das Frühstück naht. Du wirst hoffentlich dieses Fax mit 1 frischen Brötchen begleiten können und nicht wie gestern mit alten Keksen und dünnem Kaffee.

Marino, 14. Juli (Tagebuchnotiz)
Samstag, den 13. Juli um 16 Uhr 10 ist ein Zug auf dem Hauptbahnhof von Bologna eingetroffen, Teofil der Reisende ist ihm entsprungen und ist nach Ra-

venna umgestiegen. Gleichzeitig haben sich im zurückgelassenen Latium schwarze Wolken zusammengezogen, und eine starke Luftfeuchtigkeit hat sich aufgedunsen und verbreitet. Seit langen Jahren hat der Alte nicht mehr den Kummer einer Trennung verspürt, fast ist es wie eine neue Empfindung, das Ende von etwas, das sehr schön und lustig war und vielleicht in dieser seelischen Heiterkeit wohl kaum noch einmal zu erreichen.

Jeden Morgen wurde inzwischen mehrere Stunden an der Reinschrift von Tableau acht gearbeitet, in der festen Erwartung und Absicht, diesen Teil unter dem Regiment des Halbmonds fertig zu stellen. Aber gestern Abend (am 13.) sehe ich westlich ganz oben an einem glasklaren Himmel einen schon ganz konkreten Neumond mit einer glasklar strahlenden Venus in der unmittelbaren Nähe von circa sieben Lichtjahren und bemerke, dass ich im Rückstand bin, verspätet, und dass „Upupas Klage", Zwischenglied der Tableaus acht und neun, mit einer gewissen Verspätung geschrieben werden muss. Habe dafür schon die wichtigsten Noten vor einiger Zeit festgelegt, aber was will das schon heißen? Täglich so nach 18 Uhr aber, beim Angelus-Läuten, setze ich mich in eine Ecke des Hauses und beobachte die länger werdenden Schatten im Ölbaumgarten (der Baum für Baum eine Geschichte hat und lebendige Zeugenschaft einer großen Vergangenheit für sich in Anspruch nimmt) und warte darauf, dass mein Protagonist herbeigeflogen kommen und sein Gefieder behutsam und lautlos im Westwind und im goldenen Licht baden möchte, wenn er zwischen den Bäumen unterhalb ihrer Krone umhertänzelt, -wirbelt und außer Sicht gerät, und jedes Mal sind wir (wenn es vorbei ist, und es ist ja immer nur ganz kurzfristig) berührt wie von etwas Heiligem, vom Empfang einer Hostie, sind dankbar für das reiche Leben hier in der Stille. Möchten, dass es noch lange so gehen könne, und dass mir das Stück doch noch gelingen möchte, noch ein einziges Mal.

15. Juli

Lieber Teofil,
stell dir vor, heute Morgen so gegen 05 wurde ich
wach von einem Prasseln und Rauschen, dachte erst,
es ist ein Flugzeuglärm oder ein Traktor, bemerkte
dann aber, dass es noch dunkel war und dass das Ge-
räusch vom lang erwarteten Regen kam, endlich ein-
getroffen, um den Bauern und ihren Ländereien ein
wenig Erholung zu bescheren. Im Norden Italiens
hatten in den letzten Tagen ja schon die Unwetter ge-
wütet und gewüstet. Ich ging in mein Arbeitszimmer,
machte ein Fenster auf, woraufhin aus dem nebligen
Halbdunkel drei ungewöhnlich große Fledermäuse
hereinschossen, etwa wie Raben oder Pudelwelpen,
nass glänzend, bedrohlich flatternd und mit kalt ver-
ächtlichen Glasaugen ablehnend auf mich herabbli-
ckend. Jedes der drei Besuchstiere krallte sich alsbald
an ein Buch, es sah aus, als ob sie dem Druckwerk
ein Blut abzapfen wollten: die erste Fledermaus hatte
sich zu Joan Peysers Bernstein entschlossen, die zwei-
te zur Partitur von Boitos Nerone und die dritte ver-
suchte es mit dem Buchstaben H im 6. Band von Die
Musik in Geschichte und Gegenwart. Ich hätte Dich
gern herbeigerufen, um Dir das alles zu zeigen, aber
es war ja doch etwas zu früh, und die Entfernung war
ja wohl auch zu groß. Außerdem magst du wahr-
scheinlich Blut nicht besonders gern sehen.
Habe heute Morgen schon an der Reinschrift von
des Dämons Erzählung herumgemacht, vielleicht
kann ich später am Tag noch einen zweiten Gang

123

wagen. Das wäre dann schon in Richtung auf die Stretta des Terzetts „Und es gelang", während der es (wie fast immer im ganzen 8. Tableau) keinerlei ruhige Tempi gegeben hat, sodass für Upupas Klage, Nach- und/oder Vorspiel, ein ruhiges Tempo mehr als willkommen, nämlich sogar absolut notwendig sein wird. Endlich wurde ein Platz für dieses Lamento gefunden!

9. Kapitel

Marino, 8. August 2002

Donnerstag. Letzten Sonntag hat Teofil in der flachen Gegend ums bayrische Rosenheim herum von einer von Linden flankierten Landstraße her mit seinem Handy den südlich verankerten Benedikt erreicht. Da war was Festliches drin irgendwie. Aber eine turmhohe dichte weiße Nebelwand hat dem Teofil den Blick auf die Alpen total versperrt und verunmöglicht, das muss wiederum irgendwie recht betrüblich gewesen sein.

Bin im neunten Bild: Adschib und Gharib am Großen Tor sind heute Morgen in ihrem Kartenspiel unterbrochen worden, denn es näherte sich der Bruder Kasim („der Streber", sagt Adschib) mit Badi'at, dem Dämon und der Upupa. Damit ist die ruhige Zeit im Schatten des Großen Tors für die beiden nun vorbei, womöglich vielleicht gar für immer.

In letzter Zeit ziemlich viel Schreibschwierigkeiten, verursacht durch Schmerzen im Arm, immer noch Folgen eines vorm halben Jahr in München stattgefundenen nokturnen Sturzes, und Müdigkeit, Erschöpfungen, Ängste, die schlechten Nachrichten aus Palästina, täglich Kamikaze-Attacken der Unterdrückten, viele Tote, daraufhin wiederum und logischerweise israelische Strafexpeditionen, mit vielen Toten. Es ist Krieg! Und wir haben hier einen Berlusconi, den Landpfleger, die Landplage von Rechtsaußen. Meine italienischen Freunde sind entsetzt, fasziniert, düpiert, angeführt (so manche hatten ihn ja auch gewählt …), die Opposition (das zersplitterte linke Lager) beginnt sich nun langsam zu regen, zu sammeln, zu einigen, Mittel und Wege der Verteidigung zu entwickeln und zu begehen. Unsere doch noch so ganz junge, filigrane Demokratie ist aber durchaus in Gefahr, unter den Angriffen, dem Ansturm der Neofaschisten, an den täglich verübten rechtsbrecherischen Anschlägen und Maßnahmen zu zerbrechen.

In den letzten Wochen hat es Wirbelstürme gegeben, besonders im Norden, Überschwemmungen – große Schäden sind entstanden, besonders für die Weinernte und für das Getreide. Es soll der schlimmste Sommer sein seit 500 Jahren, und eine Rückkehr des Schlechtwetters ist auch schon angekündigt. Roderick Watkins ist eingetroffen, heute wird er mir vorführen, wie die Sache mit den *bruitage*-Einwürfen vor sich gehen kann. Bei der Komposition von Tableau neun bin ich gestern zum Auftritt Kasims gekommen und weiß, wie dieser sich musikalisch abwickeln wird.

19. *August*

Anastasia hat eine Leishmaniose. Dies ist die neue, mit den heißen Stürmen der letzten Jahre aus Afrika über Kalabrien und Sizilien heraufgewirbelte Krankheit. James ist voriges Jahr schon daran gestorben – an einer durch Stiche der Sandmücke, eines nur nachts arbeitenden klitzekleinen Insekts, verursachten Virusinfektion, bei welcher das Blut in einem heftigen, langsamen Prozess durch Streptokokken zersetzt wird. Bei wachsender Müdigkeit magert das Opfer ab zum Skelett, wobei ihm auch zusehends das Fell verloren geht. Dies Jahr hat in Santa Maria delle Mole eine neue Klinik geöffnet, und die jungen *dottori* Guandalini und Sammarini, die sich mit dem

Übel und den neuen Medikationen auskennen, kümmern sich um die Rettung unserer schönen und lieben Anastasia. Pillen und Injektionen aller Art sollen es bringen – ich hoffe so sehr darauf, denn es geschieht ja sonst wirklich schon genug Trauriges.

Die Reise nach Luzern ging per Swiss Air von Rom nach Zürich. Dort wurden die Reisenden abgeholt und nach Luzern gebracht von einem schönen Automobil der Marke Lexus, einer koreanischen Firma, die ein Hauptteil der Sponsorship des Luzerner Musikfestes trägt, das heuer in seinem vierundsechzigsten Jahr steht. Wohnen durften meine Freunde, Christa Pfeffer, Michael Kerstan, Johannes Debus, Clemens Wolken, Fausto, und ich im Hotel Palace. Alle Fenster gingen auf den See hinaus (den Vierwaldstätter), der in der Sonne glitzerte und auf dem Kanus, Segelboote und oftmals laut tutende Dampfschiffe einherglitten, deren Kapitäne Acht geben mussten, dass ihre Wassermaschinen nicht den einen oder anderen im kalten Bergseewasser Schwimmenden anrempelten oder gar zermalmten. Abends trafen wir, die oben Erwähnten, mit Simon Rattle zusammen, im *La Cucina* in der Winkelriedstraße. Auch meine alte Freundin Helen Grob, der Manager Toni Krein und das Ehepaar Ibach waren dabei. Habe ich auch niemanden vergessen? Ach ja, Repräsentanten des Musikverlags Schott in Mainz und in London waren auch da. Das Lokal war ziemlich düster in der Beleuchtung, und ich hatte mit der Müdigkeit zu kämpfen, die noch so leise gewesen war in den Büschen und mir jetzt auf dem Fuße folgte[5],

---

[5] Vgl. Ingeborg Bachmann, *Im Gewitter der Rosen*, 1. Strophe: „Wohin wir uns wenden im Gewitter der Rosen/Ist die Nacht von Dornen erhellt, und der Donner/Des Laubs, das so leise war in den Büschen, /Folgt uns jetzt auf dem Fuß."

und musste mich arg mühen, die Anrede meiner Gesprächspartner zu verstehen im Donner des allgemein angeregten und durchaus angehobenen Partygeräuschpegels. Mit Simon über seine bevorstehende Berliner Arbeit geplaudert, er freut sich sehr auf die stark verjüngten Philharmoniker, mit denen er auch meine Zehnte Sinfonie zu musizieren beabsichtigt, Ende Januar 2003, und auf die vielen neuen Perspektiven, darunter diejenige des Berliner Publikums. Aber was ist doch dieser Simon für ein lichtvoller, leichtherziger, schwerelos apollinischer Geselle! In seiner Gesellschaft ist einem wohl wie in einer befreiten Welt oder in einer unzerstörten, unzerstörbaren Landschaft.

Am nächsten Morgen war dann die Generalprobe von Nr. 10. Erstmals sah ich den neuen Saal des Festivals, ein imponierendes Konstrukt, erdacht und verwirklicht von Jean Nouvel und Russell Johnson, die Musik klingt darin ganz hervorragend, dieser Eindruck stellt sich sofort her, beim ersten Takt der Zehnten, alles war zu hören, mein Dirigent hatte für Transparenz und Gleichgewicht gesorgt, wie es so seine Art ist. Erstmals hörte ich dies (schon 2000 beendete) Stück, hatte es ja eigentlich vergessen, um mit neuen Ideen, anderen Vorstellungen an *L'Upupa* herangehen zu können. Hatte anfängliche Schwierigkeiten mit dem Wiedererkennen, es drängte sich alles auf, so schnell und so wild und so vielfarbig kamen die Informationen auf einen zugefahren, schneller als die Erinnerungen. Erst am Abend bei der öffentlichen Aufführung dann war ich wirklich aufnahmefähig. So was habe ich noch nie geschrieben, auch jetzt, zwei Tage nach dem Erleben des so sehr Ungewöhnlichen, will mir scheinen, dass so Dinge wie die lobsingende Streichermusik der Eloge (des zweiten Satzes) bisher in meiner an Umfang ja nicht gerade armen Produktion noch nicht vorgekommen ist. Das City of Birmingham Symphony Orchestra hat wunderbar gespielt, und alles klang ganz und gar wunschgemäß wie und nach Simon Rattle. Im vierten und letzten Satz dreht es sich um einen Traum. Niemand weiß (auch ich weiß es nicht), wovon dieser Traum wohl handeln mag. In Erinnerung geblieben sind mir bis heute, Dienstag, den 21. mittags, eine Anzahl dunkel tönender Akkordfolgen voller Wehmut (sie lassen mich an das siebte Tableau der neuen Oper denken, an die einsamen Melancholien des alten Al Radschi el-Din, Vater von Kasim, dem heldenhaften Lebensretter), die höre ich nun immer wieder, es ist, als ob jemand mir grausig etwas unendlich Trauriges ins Ohr geflüstert hätte, was ich nicht mehr vergessen kann. Es rotiert. An diesem Premieren-Abend erlaubte ich mir den Luxus, mir selber zuzuhören wie einem Double, einem Gegenüber. Ja, und es ist ein langer Weg beschritten worden von Nr. 9 (deren Schlusssatz als ein Brückenschlag zur Seelenlandschaft von Nr. 10 betrachtet werden kann) bis heute, oder genauer: bis vorgestern. Und von dort bis zu den Anfängen von *L'Upupa* mussten wieder viele Erfahrungen, Alterserscheinungen und Besorgnisse durchexerziert werden, bevor es mit der Oper losgehen konnte.

Immerzu denke ich nun an Simon und sein großartiges Orchester und an die Ausübung einer Kunst der raffinierteren Art, die zwischen den beiden Organismen, zwischen dem riesigen Orchester und seinem zierlichen Anführer und Anreger, stattfindet. Mein Herz ist voller Rührung und Dankbarkeit.

Anschließend gab es eine große Party oben im Haus, und man traf Hergereiste aus den verschiedensten Ländern, man freute sich, wer hätte das gedacht, man wusste meist sogar noch die Namen. Herr Michael Haefliger, der Festivaldirektor, hielt eine lustige Ansprache.

22. August 2002
Und danach saßen die engeren Freunde und ich noch eine ganze Stunde lang am Wasser, in der kühlen Luft, bei Enzianschnaps, Williamsbirne und Wodka, mochten einander und hatten Spaß. Am nächsten Morgen musste ich noch drei Interviews geben, eines davon war für den Bayrischen Rundfunk – in allen Fällen handelte es sich allerdings um die Zehnte Sinfonie. Und dann hat eine tüchtige Mitarbeiterin der Festivaldirektion, Frau Aurora Marchesi, den Fausto, Clemens Wolken und mich auf schönen Landstraßen nach Zürich-Kloten gesteuert, und wir sind von dort alsbald nach Rom abgeschwirrt, dort trennten wir uns, der Clemens ging zu seinen Eltern zurück in die backofenheiße Stadt, während Fausto und ich von Antonio, unserem tüchtigen Faktotum, in die Castelli hinaufgesteuert wurden. Kühler Wind. Anastasia geht es offenbar viel besser, morgen sind wir zur Kontrolle bestellt. Jobst Liebrecht ist eingetroffen mit der Reinschrift der Partitur von Tableau acht („Ein Raubzug"), wir haben gestern Abend schon mal mit der Durchsicht begonnen. Auf diesem Wege komme ich nun auch schrittweise von der Sinfonie fort (sie entfernt sich wie ein Schiff im Nebel) und versetze mich in die Gestensprache und Ausdruckswelt von *L'Upupa* zurück.

27. August 2002
Geschätzter Teofilos,
es ist 18 Uhr und die Luft ist heiß & feucht und ohne Bewegung. Heute morgen habe ich den Anfang der

Abschiedsszene Dämon – Kasim gefunden und bin davon stark angerührt worden. Es hat Zeiten gegeben, wo ich mich einfach darüber hinwegmogeln wollte, die Vorgänge ignorierend, über sie hinweggleitend, aber in den letzten Tagen ist es mir doch klar geworden, dass dieses Adieu mindestens so bedeutungsvoll herauskommen muss, wie die erste Begegnung zwischen Dämon und Kasim in Szene 3 (auf die wir aber nicht recourieren wollen! nicht zurückgreifen ... wollen wir doch immer weiterentwickeln!) ihr eigenes Fluidum haben muss. So legte ich dann los, verso mezzogiorno, und hatte bald was auf dem Fünfliniensystem zu stehen, aber es hat mich so traurig gemacht (was soll denn bloß daraus werden, himmelkreuzdonnerwetternochmal?), als sei ich selber Kasim oder sein Dämon oder beides, und hab mich schlafend gestellt. Morgen früh werde ich es mir wieder vornehmen müssen.
Gruß vom alten Benedikt

27. August

Graue Gewitterwolken. Dazwischen Weißes, Ungeformtes. Die antiken Stimmen von Kindern, die nebenan Fußball spielen. In zwanzig Minuten wird der Angelus geläutet.

Gestern Abend im Fernsehen den (leider früh verstorbenen) neapolitanischen Schauspieler Massimo Troisi gesehen, einen Ausbund von Talent und Lebhaftigkeit, mit der traditionellen Gestik eines Pulcinella-Darstellers ausgestattet, deswegen aber durchaus nicht eine Sekunde von seinem Sprechtext absehend, in der mich noch immer beglückenden Sprache meines ersten Italiens (der frühen fünfziger Jahre) gehalten. Alles ist leicht und scheinbar aleatorisch, es hat Grazie, es „stimmt" und es macht mir daher so etwas wie eine tief gerührte Freude. Ein Mensch zu sein scheint das große Vergnügen, nein, das Größte, das Einzige. Das einzig Erstrebenswerte auf der Welt.

Der Johannisburger Gipfel hat begonnen, Bush (ein Weltfeind) ist nicht dazugestoßen, und Berlusconi erscheint unverschämt mit mehreren Tagen Verspätung (oder gar nicht?), wie um anzudeuten, dass die Thematik dieses Kongresses nur zweitrangig ist. Es geht ja auch nur um die Hungersnöte in der Welt (nicht nur der afrikanischen), um die Seuchen, die Kindersterblichkeit, die Armut, die Krise des Kapitalismus, das Trinkwasser, das soziale Unrecht. Wir fragen uns, wir bangen, ob etwas erzielt werden kann auf diesem Gipfel, ob Erleichterung, Linderung und Hoffnung zu erwarten sind, Verbesserungen – aber wer sind wir denn, uns Resultate herbeizuwünschen, wenn wir nicht einmal die politisch-soziologischen Hintergründe kennen und benennen können, die solche humanitären Entschlüsse immer wieder verhindern, verzögern, in Vergessenheit geraten lassen wollen?

Marino, 22. November 2002
Drei Monate sind über das Land hinweggezogen. Ich habe die Arbeit an der Oper nicht unterbrochen, nicht mal für einen Tag, bin aber doch erst gegen das Ende von Tableau neun geraten – es ist halt eine langwierige Sache, die auch mehrere Untertitel notwendig gemacht hat:

9 (a) Ein Wiedersehen (beim Großen Tor. Heller Tag ...)

9 (b) Abschiednehmen (Dämon – Kasim)

9 (c) In der Tiefe (des Brunnens)

9 (d) Die Rettung (Dämon, Badi'at, Kasim)

Die beiden tüchtigen Veterinäre von Santa Maria delle Mole haben unsere liebe Anastasia gesund gemacht, gerettet, es geht ihr wieder gut, sie springt herum und rennt und hüpft, und wir sind alle heilfroh!

Inzwischen hatte ich in München noch ein paar Arbeitstermine mit Dorn und Rose, habe das Modell gesehen und mich gefreut, dass es einen erzählerischen Charakter hat und dass es eine Art Ruhe suggeriert und vielleicht an das Offene, Innere einer Menschenhandfläche denken lässt. Die Musik könnte sich darauf und darin ausruhen und wohl fühlen. Die ganze Zeit, in den letzten Monaten besonders, wurde nichts anderes getrieben als an die im Entstehen begriffene Musik zu denken, ohne Rückblicke, aber immer wieder mit Erinnerungen aus dem alten Leben, die da so unerwartet (und eigentlich auch ganz unbrauchbar) mir nichts, dir nichts auftauchen, gespenstisch. In den Tagen um den 11. September 2002 aber herrschte allgemein in der westlichen Welt die große Sorge, ob neue Feindseligkeiten sozusagen symbolisch aus den Schatten der Anonymität heraustreten könnten, von einer Schrecklichkeit ähnlich der letztjährigen Bombardierung der Twin Towers von Manhattan. Und die Unruhe war nicht von ungefähr, Brände entstanden in fernen Ländern, viele Menschen mussten unschuldig sterben, und jedes Mal wurde gern die islamische Organisation Al Qaida für die Massaker verantwortlich gemacht. Nur für die Erdbeben im italienischen Molise, bei denen in der Kleinstadt San Giuliano di Puglia 28 Schulkinder unschuldig sterben mussten, unter den Trümmern ihrer eigenen Grundschule begraben, wurden andere Instanzen verantwortlich gemacht, unter anderem der hydrogeologische Untergrund des Landes, und auch Gott, und die Mafia.

Die Komposition findet, wie gesagt, durchweg ohne Rückgriffe statt, aber Denkwürdigkeiten gibt es doch viele: immer wieder in Form der kenianischen Insel Lamu im Indischen Ozean, am Ausgang einer Lagune, deren Gewässer bei Flut stets und stetig die überfälligen Kloakeninhalte der Hauptstadt an uns, den Bewohnern des Küstenweilers Shella, vorbei ins offene Meer trugen, über Korallenriffe hinweg, an den felsigen Küsten der Pavianeninsel Manda vorbei. Fausto hatte einen wunderschönen Turm gemietet, vier Stockwerke hoch war er, aber zu ebener Erde lag eine Art Empfangshalle, deren Türen und Fenster mit kunstvollen Suaheli-Steinmetz- und Holzschnittarbeiten ausgestattet waren. Hier soll einmal ein Sultan residiert haben, dies war sein Winter- oder Sommerpalast, hieß es, innen und außen schneeweiß getüncht, und es gab einen Innenhof, aus dem eine stattliche Königspalme hervor- und heraufgewachsen war. Zuweilen versammelten sich in ihrem Astwerk Gruppen von dicklichen Fledermäusen, zwitschernd kreischend, wohl in der Absicht, eine unserer Etagen mit Beschlag zu belagern (da musste man besser einstweilen die Fensterläden geschlossen halten), und mitunter segelte, sauste pfeilschnell die eine oder andere (anfangs dachten wir, es handele sich um Falken oder dergleichen) über die Windlichter auf unseren im Freien, auf einer Terrasse, aufgestellten Abendbrottisch. Das Nachbarhaus, noch im originalen Goldton der Korallenfelsen gehalten, die man als Baugestein zu verwenden pflegte, zu Quadern gemeißelt, und die im langsamen Laufe der Zeit mehr und mehr nachdunkeln, bis es eine höllische muffige Schwärze angenommen hat, das war unbewohnbar, ganz in sich zusammengefallen, nur die ansehnliche (von frugaler Pracht kündende) Fassade war noch zu erkennen.

Hausbau in Shella

Drinnen hausten Hundertschaften Fledermäuse, tagsüber an die inneren Wände gekrallt schlafend; man macht mich auf ihr Pfeifen und Trillern aufmerksam, das ich selber, der alte Mzee (dies ist Suaheli für den würdigen Greis), nicht mehr hören kann, dem ja auch das sommerliche Zirpen der Zikaden in Marino nun schon seit Jahren leider entgeht. Gleich neben dieser Bauruine steht eine kleine unscheinbare Moschee, man hört zuweilen, wie drinnen die Gebete gemurmelt werden, es ist eines von acht Gotteshäusern, den 800 Einwohnern von Shella zugedacht, und mehrfach am Tage und auch ganz früh am Morgen wird gerufen, durch dicke Lautsprecher: Allah ist groß! Es klingt blechern und unfreundlich, bedrohlich und ungut, und Mzee kriegt jedes Mal einen Schreck. Aber die Gemeindemitglieder, nur die Kerle, eilen, rennen, sputen sich, um ja nicht durch Unpünktlichkeit den Unwillen des Mullahs zu entfesseln. An besonderen Feiertagen singen kindliche Sängerknaben solistisch besondere Liturgien, die zum Verwechseln den Gregorianischen ähneln oder auch an Monteverdis Marienvesper erinnern, zum Beispiel an den Tenorgesang *Audi coelum*, natürlich bin ich dann ganz besonders betroffen, so wie ich anderseits von der Schönheit dieser schwarzen Araber unter den Ortsansässigen tief bewegt werde.

Gegen Abend, wenn die Fischerboote zurückkommen, setze ich mich unten ans Wasser und sehe zu, wie auf diesen alten Dwahs die Segel gestrichen werden, das Boot zum Halten gebracht wird, die Ernte aufs Festland deponiert, der Anker geworfen, und wie das alles, in tausendjährigen Ritualen geübt, ganz behände und leichtfüßig und tänzerisch vor sich geht, nicht ein einziger Handgriff ist umsonst oder linkisch, die Grazie selbstverständlich, absolut und natürlich wie Pflanzengewächs oder Mozart oder Piero della Francesca in einer sündlosen Welt. Dann wird es dunkel, und Mzee geht an die Bar Peponi, wo John und Charles, zwei riesige schwarze Barkeeper, ihm den zweiten doppelten Whiskey schon vorgekühlt ... und alsbald dann auch nach Hause. Auf dem Weg durchs Dorf muss man aufpassen, nicht über den einen oder anderen im Halbdunkel schlafenden Esel zu stolpern. Shella ist voll mit diesen Maultieren, man hört (besonders gern nachts) ihr Wiehern, das Hufgeklapper und das Lustgekeuche, es scheint aber niemanden zu beunruhigen. Und ganz oben fliegen mit Mondlicht getränkte weiße Wölkchen im äquatorialen Sternenwind, wohin, wohin? Und die Welt scheint groß und grenzenlos wie der eisige Atem Allahs.

Mindestens einmal täglich klettert Mzee dann hinauf auf die höchste Stelle des Hauses und schaut sich dort um, wo im Süden das Meer sich hinstreckt bei Tageslicht und sich im Unendlichen mit dem Himmelslicht verlobt, im Norden eng aneinander geheftet die sumpfigen Mangrovenwälder liegen, in denen die zierlichen Affen zu Hause sind und die Marabu-Störche sich zur Nachtruhe sammeln. In diese Richtung muss man segeln, um in das alte Königreich Pate zu gelangen, und im Westen kommt die Morgensonne mit einem lauten Knall über Sanddünen herauf und hinter geringem Strauchwerk hervor, und wir treten rücksichtsvoll in den Schatten zurück, klettern auf den dritten Stock herab, wo Mzees Arbeitsräume liegen und wo Sammy, *house boy number one*, mir schon eine große Schale von stark duftendem Kaffee hingestellt hat.

Sammy und auch *house boy number two*, Freddy, Sammys Cousin, sind vom Stamm der Kikuyu, wurden aber evangelisch erzogen durch einen Stuttgarter

138

Missionar, dessen Namen ich vergessen habe. Gerade eben ertönt wie jeden Morgen aus dem nachbarlichen Radio ganz laut die kenianische Nationalhymne. Nun geht es aber los, und es wird feste gearbeitet bis zum Abend, bis es dunkel wird. Fausto ist schon ausgegangen, Krankenbesuche machen, er ist hoch angesehen wegen seiner erfolgreichen medizinischen Künste und der Unentgeltlichkeit seiner Anwendungen – die Klientel vergrößert sich immerzu, alle paar Stunden geht unten laut fordernd der Türklopfer, sogar ein Mullah (der ist neulich am Hafen ausgeglitscht und hat einen Arm gebrochen) befindet sich unter den Patienten. Oder „Fasto" ist in die Hauptstadt gegangen oder gesegelt und hat Einkäufe getätigt, besonders gern auf dem wunderbaren Markt. Nun ist er auch noch zum Präsidenten des Fußballklubs *Brighter Stars* ernannt worden und hat viel Zusätzliches zu tun, nicht zuletzt in Betreff der Anschaffung neuer Lederbälle, von Schuhwerk und Wäsche. Es ist ein Vergnügen, der Mannschaft beim Training zuzuschauen, wie sie so behände und schnell und witzig, ich meine gewitzt sind bei ihrem Spiel, und ich bedaure, fast nie genug Zeit zum Zusehen zu haben, muss immer hinauf auf meinen Turm, bin sozusagen magnetisch und disziplinarisch an- und abgezogen. Der Hauptschauplatz dieser Arbeitsgänge befindet sich auf einem überdachten Balkon, in dem der Meereswind ununterbrochen durch offene maurische Fensterbögen fegt. Muss die Notenblätter mit Reißzwecken festhalten und die Ohren gegen den Luftzug schützen, aber was ist das schon gegen den Zauber, der einen umgibt da oben bei den Wipfeln und Gipfeln, den Düften und Lüften. Und den Farben von Blüten wie denen des Flamboyant-Baumes, karminrot, worin gleichfarbene fasanengroße Vögel nisten, mit langem weißem Schweif versehen, der sich im Winde dreht, oder jene der Bougainvillea (die überall wie Unkraut wuchert), des paradiesischen Jasmin, der stacheligen Akazie mit ihren gelben Blüten, des Frangipani, des elefantesken Baobab.

Das Erste, was ich in Shella schrieb, war Anfang 1991 ein *Lacrymosa* (Trompete und Kammerensemble), für das Requiem. Dieses Stück wurde dann in Marino nach und nach ausgearbeitet und in Partitur gesetzt, und ähnlich wurde dann auch verfahren, in den vielen folgenden Jahren, mit den später zum Vorschein kommenden Stücken. So entstand dort unten zum Beispiel die neue Tanzmusik für *Le disperazioni del Signor Pulcinella* (eine Pantomime), *Le fils de l'air* (klassisches Ballett) und *Labyrinth* (moderner Tanz) sowie die ganze Neunte Sinfonie und die gesamte Oper *Venus und Adonis* – jedes Mal verlängerten wir unseren Aufenthalt um Wochen, damit die Komposition nicht unterbrochen werden oder in einem anderen Territorium fortgeführt werden musste.

Auch Teile der dreisätzigen Achten Sinfonie sind dort zu Papier gebracht worden, ganz gewiss das meiste von ihrem lustig gemeinten, bockbeinigen, eselhaften zweiten Satz. Der Schlussteil, der das Grundmaterial für den Anfang und den Mittelteil in sich birgt und offen legt, wurde in London gemacht, das weiß ich noch genau, und ich brauchte nur vier Wochen dazu (hatte nichts anderes zu tun!). In Shella schrieb ich schließlich auch *Voie lactée ô soeur lumineuse* für Paul Sachers 90. Geburtstag.

Wenn ich dann und wann in Shella des Notenschreibens müde war, machte ich zur Abwechslung und Entspannung kleine Aquarelle, so beispielsweise für den 50. Geburtstag von Berardones Mohrenkind am 17. Februar 1994, da wurden sie der Festgesellschaft in einem als Ausstellungsraum hergerichteten

Zimmer zur Besichtigung vorgeführt, es waren 24 oder 25 Bildchen, vorwiegend oder gar ausschließlich Seestücke mit Personen, die allesamt aus dem kulturellen Ambiente der hiesigen Ureinwohner stammten (was man deutlich sehen konnte). Im Herbst 1997 erkrankte ich ganz heftig, in Berlin, lag vierzehn Tage lang mehr oder weniger ohnmächtig im Hedwigskrankenhaus, Berlin-Mitte (dem ältesten Spital der Stadt), und musste dann von dort nach Zürich zu Spezialanwendungen, ins Hirslanden-Spital. Es drehte sich um eine Thrombose, die in den Beinen stattgefunden hatte – ich hatte ja keine Ahnung, hing an mehreren Drähten oder wie man das nennt und hatte Sehnsucht nach Liebe, Jungsein und Freiheit. Schrieb auf der rechten Seite liegend Gedichte (der rechte Oberschenkel diente als Schreibstütze), aus denen dann später die *Sechs Gesänge aus dem Arabischen* für Ian Bostridge wurden, die der begnadete Sänger am 29. November 1999 in der Kölner Philharmonie zur Uraufführung brachte, und drei Tage später in London in der Wigmore Hall. Diese Gesänge, die nicht mit Liedern verwechselt werden sollten, haben alle mit dem oben beschriebenen maurischen Szenarium zu tun, und die darin erscheinenden Personen gibt es fast alle wirklich, ich kenne (oder kannte) sie persönlich. Selim aus dem ersten Gesang war der Kapitän von Faustos Renndwah *Jamila*, ich bin nur wenige Male an Bord gewesen, es ging mir dort alles zu schnell und zu sportlich zu. Aber Selim konnte tatsächlich mit dem Winde kommunizieren, er flötete mit ihm, und seine seemännischen Künste hatten in meinen besorgten Augen etwas Übernatürliches, das mir eine Art Existenzangst machte (die ich ja auch im ersten Gesang beschreibe). Fatuma war ein schönes Mädchen, das aber den Schleier nicht mehr trug und sich mit einem schlechten Ruf begnügen musste. Wir grüßten sie aber immer höflich, wenn wir mal an ihrer äußerst bescheidenen Hütte vorbeikamen. Der wilde Cäsarion hat unter anderem etwas mit einem schönen Gedicht von Konstantinos Kavafis zu tun, aber wohl auch mit einer der prächtigen Gestalten, Odysseus und Telemach, die man vor vielen Jahren in Riace in Kalabrien aus dem Meer gezogen hat. Auch Bachmanns Gedicht „Liebe: Dunkler Erdteil" spielt hinein: so ist mein Konstrukt also schon ein rechtes Flickwerk! Die Gottesanbeterin frisst bekanntlich ihren Partner bei der Kopulation; aber nicht (wie ich boshafterweise behaupte) aus perverser Lust, sondern weil die Beute, ein Intestinalbrei, dafür bestimmt ist, den im Entstehen begriffenen Nachwuchs zu füttern. Eines Abends in Shella besuchte mich so eine grau-grüne Mantis, kam aus der Dämmerung hereingeschwirrt und setzte sich mitten mang auf eine in Arbeit befindliche Partiturseite. Sie verblieb dort und ließ sich bewundern von allen Seiten und mich auf Grund ihrer ungewöhnlichen Eleganz an Alberto Giacometti denken. Die herbeigerufenen *house boys* hielten den Besuch für ein besonders glückbringendes Wunder. Schließlich äußerte ich den Wunsch, weiterzuschreiben, und die Gottesanbeterin verstand, erhob sich sogleich in die Lüfte und schwirrte davon, durch die gleiche Fensterluke verschwand sie, durch die sie hereingekommen war.

Die schreckliche Höhle, in die Fatuma in „Fatumas Klage" verbannt wurde, die gibt es wirklich, sie befindet sich weit weg von der Provinz Lamu unten im Inland, im Mount Kenya, und alles, was Fatuma dort sieht und beweint, das gibt es in Wirklichkeit, und vielleicht entsteht dort, oder wartet, oder lauert, wie vermutet wird, nein! wie es auch schon mehrfach geschehen ist, das Ebola-Virus.

Der Text für den sechsten und letzten Gesang ist nicht von mir (dazu ist er zu schön!), sondern vom alten Hafis aus dem 14. Jahrhundert, den Friedrich Rückert ins Deutsche übersetzt hat. Er hat etwas von einem Gebet. Ein Wesen wird, von einer Frau oder einem Mann, um Hilfe gebeten, „reich mir deine Hand" in allen Miseren und Gefahren des Erdendaseins, und wir wissen nicht, wen der alte Hafis wohl meinen könnte, aber ganz am Schluss wird das Geheimnis gelüftet: Die Fürbitte hat sich die ganze Zeit über an den Mond gewandt – ja, das erklärt alles, das versteht man. Und man kann es nachvollziehen. Und als die Gedichte gemacht wurden, war ihnen klar, dass sie als Vorbereitung in Erwartung einer Musik entstanden, die allerdings nun doch recht lange auf sich warten lassen sollte. Denn nach der Entlassung aus der Zürcher Klinik wollten wir nun doch so gern wieder nach Afrika und flogen auch los, im Januar 1998, Kenya war allerdings gerade von dem Desaster der Ninjo-Stürme heimgesucht worden, was wir nicht wussten – Hochwasser überall, die Brücken zerstört, der Lebensmitteltransport lahm gelegt. Die Menschen standen hier wie im südlichen Somalia wochenlang bis zu den Hüften im Wasser, das nicht in den seit vielen Jahren versteinerten Erdboden einsickern wollte. Schon schwärmte das probateste Malaria-Transportmittel aus, die listige Stechmücke, der Moskito, in diese schreckliche Welt. Den internationalen Hilfsorganisationen waren außerdem technische Hindernisse aller Art umständehalber in den Weg gelegt, wie um die Erfüllung ihrer lebensrettenden Aufgaben zu verhindern. Auf der Insel Lamu gab es zum Beispiel keinen Strom: Fisch und Fleisch verfaulten in den Kühlschränken, ich saß nach Sonnenuntergang im Dunkeln auf der Terrasse und starrte entgeistert auf die schwarzen Wolkenmassen, die sich wie gewaltige, die ganze Höhe des Himmels in Anspruch nehmende Pyramiden ausnahmen. Fausto konnte die ihm anvertrauten klinisch-elektrischen Messgeräte für mich und an mir nicht mehr benutzen, es wurde immer schlimmer und gefährlicher, bis wir ein paar Tage später den Entschluss fassten, nun doch lieber nach Hause zurückzukehren. Er war traurig, wir waren traurig, und ich musste, einmal in Marino gelandet, sogleich in die Horizontale gebracht werden, in der ich auch verblieb für die nächsten Wochen und Monate.

Am 10. November 2002 gab es Sonntagvormittag in Marino ein Hauskonzert. Drei Mitglieder des Freiburger Ensemble Recherche, Melise Mellinger (Violine), Barbara Maurer (Viola) und Lucas Fels (Violoncello) spielten: *Codex Purpureus* von Salvatore Sciarrino, Schönbergs wunderbares Streichtrio op. 45 und mein Trio von 1998. (Letzteres hatte wahrscheinlich hier die italienische Premiere.) Es war übrigens ein herrlicher Sonnentag.

Und zwischen Schönberg und mir las mein alter Freund Enzo Crea, der Verleger und Literaturphilosoph, auf Sizilianisch und auf meinen Wunsch *Lamento di un vecchio Puparo* (Klagelied eines alten Marionettenspielers) von Gesualdo Bufalino, der von 1920 bis 1996 in Comiso auf Sizilien gelebt hat. Wir waren alle sehr angeregt von der schönen Musik dieses Dichtwerks, und ich habe in den Tagen darauf versucht, eine deutsche Fassung für dieses Buch hier herzustellen:

Klagelied eines alten Marionettenspielers
Bevor ich so herunterkam, um nunmehr hier zu
  hausen

an einer Ecke von Piazza Carbone,
gegenüber der Absteige für Lebenskünstler
wo ich für 50 Pfennig pro Nase Dienstmädchen
    und Sergeanten
die Geschichte von den Paladinen erzähle
oder mit Kutschern den starken Grobschnitt
    schmökere
und mit ihnen um die Wette spuck ...

Bevor ich bis hier heruntergekommen bin
konnte mich ja kein Mensch aufhalten,
da war ich ein kleiner Falter mit Füßen aus Wind,
saß auf Rennpferden, die Ostern oder sommers
    zu Viehmärkten trabten
nach Trapani, Girgenti, nach Castrogiovanni ...
spazierte in der Luft zwischen zwei Palästen,
schluckte Feuer, verzehrte Degen,
„dieses Bild gewinnt, dieses verliert", sagte ich
    den Bauernlümmeln,
spielte falsch mit drei Karten.
Ein ganzer Schrotthaufen von Schatten ist mir ge-
    blieben,
hier an der Ecke auf Piazza Carbone,
und einer davon wird immer länger,
er nähert sich dem Auge in Form einer dunklen
    Sichel.
Und die Jahreszeiten reden nicht mehr mit mir.
Das Klatschmohnlicht der Sonne, das helle Gelb
    des Mondes,
das sind gerade noch Flecken, die an der Mauer
    vergammeln.

Man sollte nicht alt werden.
Ich reibe mir die Hände,
die sind eisig, dabei waren sie einst doch zwei
    warme Bestien,

die zarte Reiser anheben konnten und auch den
  Amboss,
die streicheln konnten und Schmerz bereiten.
Ich weiß nicht, wer mir diese Hände entwendet
  hat.
Sie zappeln nur noch, verwirren die Fäden,
die Puppen fallen wirrwarr durcheinander an allen Ecken und Enden.
Ein Puppenspieler, scheint mir, der schlauer ist
  als ich,
manövriert meine Hände, für ihn
bin ich nichts mehr als eine Marionette am Draht.

Ein Zauberkünstler, älter als ich,
verdirbt nun den Trick mit den drei Spielkarten
„diese gewinnt, diese verliert", sagt er mir,
lässt das Ass kreisen,
mischt noch einmal die Würfel.
Ich kenne den Trick, aber wer weiß warum,
setze immer wieder auf die falsche Karte …

Man sollte nicht alt werden.
Ich hatte mal die Zähne eines Hundes, zweiund-
  dreißig Edelsteine.
Fand die Nadel im Heu, hörte das Gras wachsen,
mit der Wünschelrute fand ich die Wasseradern,
um die Hüfte trug ich eine rote Schärpe.
Einmal hat eine Frau mir gesagt, dass ich schön
  sei.
Heut ist die Stimme, die einmal Trompete war,
  Flöte und Trommel,
ein und dasselbe geworden für alle Figuren,
Christen und Mamelucken, Untertanen, gekrönte
  Häupter,
der Seufzer der Liebenden, das Stöhnen der
  Sterbenden,

das gleiche Gehuste für alles und alle im Stück.

Man sollte nicht so alt werden.
Schon bringe ich die Handlungen durcheinander,
    vergesse die Sippen,
putze mich mit toten Wörtern heraus,
Durlindane, Orlandos Riesenschwert und der
    Olifant,
die elfenbeinerne Kriegsdrommete, ich glaube
    nicht mehr daran.

Immer weniger Leute kommen.
Gestern waren zwei da, heute morgen nur ein
    einziges Kind,
mit einer Tüte Kürbiskerne.
Es hat sich auf die Bank gesetzt und gewartet.
Vielleicht tun ihm nur die Füße weh,
nach einer Minute mag es davongehen.
Bevor es das tut,
fangen wir besser an.

10. KAPITEL

Man öffne mir den Wald,
dass ich zum Auftritt komm.

Aristophanes, *Die Vögel*

25. November 2002
Zurück in den kalten, krassen Herbst 1999, denn
dort liegen die Voruntersuchungen und die Anfänge
der Wiedehopf-Oper. Ein Freund, der liebenswürdige
Clemens Wolken, Kenner und Student meiner Musik,
besuchte mich regelmäßig, brachte dem Bettlägerigen
Bücher und Schallplatten aus Rom mit.

Wir hatten immer eine gute Zeit (mit Fragen und
Antworten) bei der Suche nach einem Opern-Sujet.
Sollte es ein wirkliches Märchen werden oder eher
was Reales? Etwas aus dem Leben Gegriffenes oder
eher was Altmodisches? Wir fanden dann irgend-
wann in einem arabischen Märchenbuch eine syri-
sche Sage, die war alt wie die Zeit und voll mit Bildern und Verzweigungen, es galt (wie immer bei
diesen Geschichten, wollte man sich als Wessi damit
beschäftigen), das Unterholz der märchenerzähleri-
schen Fülle zu lichten und eine möglichst klare, nach-
vollziehbare narrative Linie herauszuarbeiten.

Tagsüber schrieb ich noch an den sechs Klavier-
Gesängen, abends spielten C. und ich mit der Geschichte der verschwundenen Upupa, gaben dem Al-

ten Mann, Vater Al Kasims und dessen beiden missratenen Brüdern, die Schuld am Ausbleiben der glückbringenden Besuche, am Verblassen des Lebensinhalts. Im Laufe der Zeit (das heißt der Zeit unserer Gespräche, Notizen und Überlegungen) verdeutlichte sich zusehends Al Kasim als ein Held, ein Bursche aus rechtem Schrot und Korn, der immer alles richtig macht, und zwar gegen jede Vernunft, und Not und Tod nicht scheut. Natürlich hat er unsere Sympathie und Mitleidenschaft (soweit Letztere nicht gar dem Alten gehört, in einem gewissermaßen nahe liegenden Identifikationsgefühl, was den Autor und seine Musik betrifft), aber man versteht, dass er einen Weggefährten braucht (und eine Flugmaschine), und so haben wir ihm einen zauberhaften syrischen Dämon zugeordnet, eine dialektische Grundgestalt, einen Konfliktstoff, mit dem man spielerisch umgehen kann. Wir sind ja in oder an einem Theaterstück, einer Oper, aus der Märchenwelt treten diese unsere Typen heraus und nehmen an Deutlichkeit zu, je mehr sie menschliche Gesichter und theaterimmanente Gestalt annehmen. Bei diesen Wandlungen errichtet sich dann wie von selber um sie herum eine Art Gehäuse mit traditionellen Affinitäten und Begriffen, was besonders meinen dichterischen Annäherungsversuchen abzulesen, aber generell oft genug auch in der Musik nachvollziehbar ist.

Während das *Upupa*-Libretto langsam, aber deutlich Gestalt annahm, verblasste Afrika in meinen Erinnerungen, oder besser: es nahm die Märchenhaftigkeit an, die Clemens und ich aus dem alten Sagenstoff zu entfernen uns andauernd bemüht hatten. Die Ortschaften, die in unserer Geschichte vorkommen, die gibt es zwar, aber sie liegen anderswo – nur Pate, das Königreich, das gibt es noch an der richtigen Stelle, wenn es auch nur noch aus (goldenen) Bauruinen besteht. Die anderen Schauplätze, alle in der Suaheli-Sprache benannt, sind zwar auch auf und aus der Insel Lamu und Umgebung, bezeichnen aber nicht unbedingt die Stellen, die sie in Wirklichkeit einnehmen, und Lamu selbst kommt ja trotz seiner majestätischen Schönheit überhaupt nicht vor.

Marino, 29. November 2002, 6 Uhr 44
Al Kasim und sein Dämon

Während der Überlegungen zur Oper fragte ich einmal einen syrischen Verwandten, genauer gesagt: einen (alt-)katholischen Schwager, per Telefon, was zum Beispiel für ihn und die Seinen da unten in der Hafenstadt Aleppo der Dämon für eine Bedeutung hat, ja, und was denn wohl die Dämonen allgemein eigentlich für Leute sind, und wie man sich ihre Erscheinungsformen denken und merken darf? Die Antwort kam klipp und klar und bedurfte keiner weiteren Fragen meinerseits: Du, das sind Engel!

Damit waren alle Türen offen, und ich konnte sogleich auch die Stimmlage und Klangfarbe dieses noch zu ortenden, zu erfindenden, zu erschaffenden Wesens andeutungsweise hören. Der Umstand, einem hohen, „lyrischen" Tenor nun eine schöne Rolle schreiben zu können, war von elementarer Bedeutung für die Gesamtkonzeption, und ich konnte mir nun weitaus besser als zuvor mit Sicherheit und Mut die musikalische Beziehung des Heldenbaritons Al Kasim zu seinem anderen Ich, seinem Dämon (einem hohen Tenor), vorstellen.

Woher (aus welcher Himmelsrichtung) der Dämon nun eigentlich gekommen ist, das weiß man nicht so genau. Den ersten Sätzen (die er spricht und nicht singt) in Tableau drei können wir entnehmen, dass er

Shella Lamu

Anordnungen einer (weiter nicht erwähnten) höheren Instanz ausführt. Unsere Leser und Hörer dürfen und sollten sich hier mehr als ein Bild machen, sie können und möchten und sollten den einen oder den anderen Ausgangs- und Anhaltspunkt wählen, von denen aus sie sich die ganze Geschichte (die Zusammenhänge) deuten mögen, wie sie es am liebsten hätten.

Eines ist klar: Der Dämon möchte gern anweisungsgemäß den von ihm geliebten und bewunderten Schützling vor Not und Tod bewahren, muss es sich deshalb gefallen lassen, zu allen möglichen beziehungsweise unmöglichen Dienstleistungen herangezogen zu werden (wie etwa zum Gepäckträgertum, zum Hubschrauberfliegen bis zu kriminellen Taten wie Diebstahl – ja sogar Folterqualen muss er über sich ergehen lassen), aber er macht seine Sache gut, und unser Raubein Kasim kehrt in seine Heimat zurück, unversehrt, allerdings versehen mit Diebesgut: Badi'at, das schöne Mädchen aus dem Judenlande, wird nicht (wie verabredet und versprochen) in Kipungani abgeliefert bei Dijab, dem alten Tyrannen, sondern, dank der hier ungewöhnlich schnellen, schlagartig einsetzenden Kraft der Liebe, nach Manda zum zukünftigen Schwiegervater (dem alten Mann, Großwesir Al Radschi el-Din) mitgenommen, ganz wie die magische Kiste, von deren Inhalt wir im Augenblick immer noch nichts wissen, und vor allem aber der goldene Käfig mit der Upupa drinnen, die der Alte Mann doch so nötig braucht zum Überleben. Am Großen Tor ist Abschied, jenseits des Großen Tores beginnt eine Welt, die dem Dämon nicht zugänglich ist (die auch ganz allgemein von Dämonen beziehungsweise Engeln nicht betreten werden kann). Einmal noch darf er sich nützlich machen: Er zieht Kasim und Badi'at aus dem Brunnen, in den die ruchlosen Brüder (Adschib und Gharib) sie neulich doch frechlings hineingeworfen haben, und nun darf er sich etwas wünschen, eine Art Gegenleistung.

Zu meiner Zeit konnte man mit dem Auto in wenigen Stunden auf Landstraßen von Düsseldorf nach Amsterdam gelangen. Und die Reise ging meist in unmittelbarer Nähe des Rheinufers entlang, der Fluss fast immer links seitlich im Hintergrund flimmernd und großartig dahin schwimmend, den Fluchtweg bezeichnend. Aber zwischen den Strom und die Landstraßen hatte man auf weite, leicht abschüssige Wiesen großzügige Baumplantagen gesetzt, vor allem den Apfelbaum, der im Frühling Augen und Sinne berauscht durch seine luxuriöse Blüte meilenweit, die sich unter einem hellgrauen Schatten von Himmelslicht wie ein rötlicher Schleier über die Täler gelegt hatte.

Wenn ich an das ferne Deutschland denke, fällt mir immer zuerst dieses Bild ein, dieses entlegene jungfräuliche Frühlingsland (und es verbindet sich affektiv Sehnsüchtiges damit), erst später kommen dann die grauen und bösen Beschämungen und Tristessen hinzu, die das Leben schrieb und schreibt und die heute in diesem Zusammenhang hier nicht willkommen sind.

Der Dämon hat viel von den roten Manda-Äpfeln gehört, und sein größter Wunsch ist es eben, vom Baum dieses Lebens eine solche Frucht einmal zu sehen, zu berühren, zu verzehren. Kasim verspricht, ihm eine herzubringen, sobald wie möglich, und damit fängt die Geschichte an, sich ins Mythische zu heben; mehr oder Genaueres werden wir nicht erfahren. Die Oper endet in der blauen Stunde, in der wir der Rundungen der Apfelfrüchte gedenken, der süddeutschen und der russisch-griechisch-orthodoxen Zwiebeltürme und der Kuppeln auf den Kathedralen des barocken Rom, die inzwischen allesamt ins Imaginäre hinauf- oder hinabgesunken und verschwunden sind und unseren Blicken entzogen.

Lieber nördlicher Teofilos,
heute ist Sonntag, da bleibste ja meistens zu Hause, kannst also mit der quäkenden Ankunft eines Nachrichten-Papiers schon noch was anfangen. Liebrecht ist seit gestern hier, und wir sind mit der Reinschrift von 9 a beschäftigt wie nichts Gutes. Sie soll möglichst schon morgen nach London gehen. Dazwischen ist mir – ich wette, dass es was mit dem Neumond zu tun hat, der mich vorgestern abend melonenrot in seiner Anfangsphase gegrüßt und irgendwie dafür gesorgt hat, dass ich jetzt endlich einen klaren Begriff mein Eigen nennen darf, was den Schluss der Oper betrifft – eine Idee in die alte Rübe gekommen.

Noch bin ich mit dem Gespräch Kasim – Dämon über den Apfel beschäftigt, ich möchte auch gern noch ein wenig dabei bleiben, denn es ist ja des Dämons letzte Musik, wir verlieren ihn dann aus den Augen (und auch aus den Ohren?), ich muss ihm also auch selber hier Adieu sagen. Diese Szene, es ist 9 d, endet – so war es von Anfang an konzipiert – in einem Tanz (Badi'at, Kasim, Dämon), einem lustigen, sorgenfreien Tableau-Ende, das uns auch als Brücke dienen soll zu Nr. 10, der Szene, worin die bösen Brüder bestraft werden (durch die Musikanten aus der Wunderkiste?), die Upupa freigelassen, die zu unser aller Freude dahin-/davonflattert – besonders der Alte, der den Käfig geöffnet hat, ist nun guter Dinge, denn nun hat er verstanden, was er tun muss (und wir alle immer tun müssen), um wirklich zu leben und um glücklich zu sein – und die Hoch-

zeit Badi'at – Kasim wird beschlossen, schon morgen soll sie sein.

Also noch einmal eine Szenenabfolge mit unterschiedlichen Stimmungen und Tempi, wie wir es eigentlich das ganze Stück, die ganze Oper hindurch hatten? Ich habe mich die ganze Zeit mit Überlegungen gequält, wie ich das denn wohl hinkriegen soll (die Mittel schienen mir alle erschöpft), und so kam nun diese Idee herbei, das ganze Tableau 10 als eine Einheit zu nehmen von Anfang bis Ende und sie in einem vom Schlusstanz des Tableaus 9 b ausgehenden Tempo und einer von dort ausgehenden Stimmung zu konstruieren & abschnurren zu lassen, wild und lustig und rückhaltlos (rücksichtslos), damit Tableau 11, „die blaue Stunde", (wohl auch als „Mysterium" gedacht & wahrscheinlich auch so genannt) wie eine neue Gegebenheit tönen kann: Die Musik wäre dann erfrischt und wie neu, und sie darf sich noch einmal entfalten, besser (und wortlos) und freier als je zuvor.

Ich bin so froh über diesen Plan, der das Leben leichter macht, einfach deswegen, weil nun alles klarer und unmissverständlicher ist: mir scheint, es habe sich eine nächtliche Wolkenschicht gelöst und gäbe im Aufstieg erste Blicke frei auf ferne Länder, Flächen und Gebirge in ganz frühmorgendlichen Farbtönen.

Um ein Haar hätte ich anzumerken vergessen, bei all dem Trubel, dass ich ja kürzlich das ganze Tableau 10 neu geschrieben habe. Der erste Anlass hierzu war die zwar leichte & schüchterne, aber doch bemerkbare Perplexität der Herren Dorn und Rose in der Angelegenheit Zauberkiste: Wo und wie sollen oder können ihr denn bloß 12 Musikanten nebst ihrer Instrumente entsteigen, und wie machen sie es dann mit diesen Geräten, denen jene Musik entstei-

156

gen soll, welche die Missetäter straft, mit Ohrenpein, dem Zipperlein, dem Gänseklein, dem Babyschrein, der Fott vom Schwein, wie soll man das alles denn bloß organisieren und inszenieren? Ist dann irgendwo überhaupt Platz auf der Bühne für dieses Unternehmen?

Die Notwendigkeit völligen Umdenkens erbrachte also schließlich mehrere Änderungen und Verbesserungen, aus denen schließlich ein neues Finale hervorgegangen ist, worin z. B. sämtliche Vokalisten vollauf beschäftigt sind, die doch vorher in dieser Szene hauptsächlich taten- und tonlos herumgestanden sind und sich gewunden und gewundert haben. Es war ein bisschen so, als hätten sie nur darauf gewartet, dass ihr Autor herkommt und sie aus ihrer peinlichen Lage erlöst. Statt der 12 Musikclowns haben wir also nun die 8 Höflinge, das gleiche Vokal-Oktett, das ja schon in den vorigen Tableaus vorgekommen ist (als Gärtner, als Blumen, Wächter oder Dienerschaft), um bei den Strafaktionen gegen Adschib und Gharib musikalisch heftig aktiv zu werden und sich damit noch einmal (und anders als zuvor, nämlich kräftiger, heftiger, lauter) vokal zu entfalten. Die bedrohlichen 12 Pfeifer, Blechbläser und Trommler sind weg, an ihre Stelle habe ich drei Gnomen (Mimen) gesetzt, die kess aus der Kiste rausspringen und sich anschicken, die bösen Brüder mit Hilfe von Bratpfanne, Mistgabel und Tuba ins Jenseits zu befördern. Auf diese Weise habe ich mir also die Möglichkeit eines wirksamen Schlusses verschafft, worin alles, was Stimmbänder hat und Odem und Herzen, diesen Besitz noch einmal konstruktiv in das dramatische Geschehen einbringen mag, wie es sich gehört. Und das ganze Tableau wird ablaufen als ein obstinater Tanz, ein Ballett, ein Fandango, der erst endet, wenn das Ta-

bleau fertig ist, unabhängig davon, was handlungs-
mäßig oder emotionally oben noch so passieren mag,
woraufhin es dann ganz still wird und das Tableau 11
mit der blauen Stunde seinen Anfang nimmt, einer
Orchestermusik ohne Menschenstimmen.

Kann dir nicht sagen, guter Teofil, wie erleichtert
ich bin, dass ich Dir diese Neuigkeiten zukommen
lassen kann: Nun bist Du zum Zeugen des ganzen
Entstehungsprozesses geworden, außer Clemente der
einzige Mitmensch! Für mich persönlich ist es wie
eine Rettung, sie tut mir Not und tut mir wohl, ich
fühle mich besser, es ist wie Genesung oder Erlösung
oder etwas Derartiges. Perdona queste egocentriche
escandenscenze – Du brauchst Dich antwortsmäßig
nicht darauf zu beziehen.

Habe mit Hilfe Clementes auch das Arbeitsbuch
nun eigentlich feddisch. Es liest sich ganz putzig &
vermag vielleicht den Interessenten nützlich zu sein.
Das Radio spielt gerade eine unglaublich banale Arie
aus Lacmé, und für die Lutheraner ist heute der 2. Ad-
vent (gestern oder vorgestern gab es auch den hl. Ni-
kolaus mit Rute & Kopfnüssen & Tüten), während
Du & die Deinen heute den Tag der unbefleckten
Empfängnis (dell'immacolata concezione) begehen.

Hoffentlich ist es ein schöner Tag für Dich. Die
Götter, die ja ohnehin bestens auf Dich aufpassen,
mögen Dich segnen. Dir darf man bekanntlich nichts
tun!

Herzlichst Benedikt

London, 23. Januar 2003

Am 14. Januar sind Fausto und ich auf eine fünfwö-
chige Reise gegangen, nach Paris, London und Berlin.
Bisher habe ich unterwegs noch keine Note schreiben,
dafür aber immerhin diese Aufzeichnungen irgendwie

abschließen können. Wo immer ich mich befinde, arbeitet es im Köpfchen an dem finalen Fandango. Erste Skizzen dazu, noch in Marino gemacht, habe ich im Gepäck, es gibt also schon einen Anfang, einen Ausgangspunkt: Wir wissen, wie es weitergehen kann und wird – aber wie schade, dass es noch nicht so weit ist!

Marino, 21. Februar 2003
Am 16. Januar dirigierte Masur in Paris das Nationalorchester und den Kopenhagener Rundfunkchor in meiner Neunten Sinfonie, im Théâtre des Champs-Élysées, und dort wurde ich auch am gleichen Abend durch den Präsidenten von Radio France, Jean-Marie Cavada, zum Chevalier der Légion d'Honneur gemacht und war und bin wirklich sehr stolz darüber. Am nächsten Tage dann sind Fausto und ich mit der Bahn unterm Ärmelkanal her nach London gereist und haben eine ganze Woche dort verbracht. Habe eines der Mark-Anthony-Turnage-Programme des diesem jungen Kollegen gewidmeten Wochenendes der BBC im Barbican Centre gehört, glühend schöne Stücke, von denen die meisten mir neu waren, darunter auch eine Uraufführung, *Etudes and Elegies*, für Streicher, der ich neue, etwas weniger jugendliche, etwas wehmütigere Schwingungen entnehmen zu können glaubte. Ein zeichnerischer, nachdenklicher Blick in die Zukunft.

Besuch in Soho bei Chester, dort einen Teil der Partitur von Tableau neun abgeliefert. Zu Hause in Knightsbridge tägliche Arbeit an diesem Buch hier, Zusätze und (hoffentlich) Verbesserungen. Roderick Watkins brachte eine CD, auf der nun sämtliche elektronischen Einwürfe für die Upupa-Musik zusammengefasst sind, wie er sie inzwischen im Studio der Universität Canterbury geschaffen hat, Naturlaute,

Tierstimmen und Flügelschlag in magische Klänge verwandelnd (meist von nicht mehr als zehn Sekunden Dauer), magisch, bedrohlich, beängstigend, auch lieblich zuweilen, als wären sie der Musik entwichen, der sie ja doch wohl zugehörig sind und in die sie dann auch alsbald wieder zurückfallen, versinkend, ertrinkend. Bin froh und dankbar und ziemlich sicher, mich beim Komponieren in Sachen der Komponente *bruitage* nicht verhört zu haben.

Ein Tag mit Oliver Knussen. Er hat ein wunderschönes Violinkonzert geschrieben – ich kannte es schon von der CD der Uraufführung neulich (in Pittsburgh) her – und arbeitet nun an seiner Vierten Sinfonie für das New York Philharmonic Orchestra, tut sich aber schwer. Aber wer täte das nicht? Zwei Abende verbrachten Fausto und ich bei unserer alten Freundin Gaia Servadio in Pimlico und einen bei uns mit Belinda (Leiterin der Buchabteilung bei Faber & Faber) und Colin Matthews, dem hochinteressanten Komponisten. Weitere Besuche: bei Peter Adam, dem Jugendfreund, in seinem schönen Hause in Olympia, dort auch Facundo Bo, der Schauspieler, den ich 1977 in Paris in der Rolle des Bisquet in *Peine de coeur d'une chatte anglaise* gesehen hatte. Und schließlich ein Morgen in der Royal Academy, Piccadilly: Norman Rosenthal, der Direktor, Erfinder wunderbarer Ausstellungen, schob mich in einem Rollstuhl durch die Menschenmenge, die sich täglich dort einfindet, diesmal um Werke der Azteken zu bestaunen, seltsame Figuren, welche dich nicht eigentlich berühren (vielleicht fehlt es an Beziehungen zu unseren hiesigen bildlichen und geistigen Vorstellungen), was dir aber deutlich macht, wie sehr doch der menschliche Verstand zur Erfindung unglaublicher Extravaganzen imstande ist, zu Gestalten, die nun als

160

Zeugnisse fremder, großartiger, rätselhafter und schrecklicher Kulturen für uns herhalten müssen und die uns bestürzen und verfolgen bis in den Schlaf.

Dann sind wir nach Berlin geflogen. In der Ankunftshalle in Tegel, wie nun schon seit etwa zehn Jahren, fehlte der in den *Reiseliedern* oftmals lobend und liebevoll erwähnte Wenzel Lüdecke, und mit ihm ein Stück Berlin, ein Zuhause, eine Geborgenheit, denn die Überreste des Wenzel, die Asche, ist schon seit Herbst 1991 in der Urne eines Krematoriums aufgehoben, während sein Wesen nur noch als eine schmerzende Verlusterscheinung in den Herzen der Übriggebliebenen lebendig ist, traurig immer noch wie zuvor, und so einmalig und so betrüblich! Er ist einfach weggeblieben, ausgeblieben, und während uns das Taxi in die Stadt transportiert, vorbei am Zuchthaus Moabit und der Hinrichtungsstätte Plötzensee, werden die Erinnerungen wieder laut und deutlich, und man wundert sich, dass man überhaupt noch da sein kann oder gar mag. Aber ein paar Stunden später schon ist man in der Herbert-von-Karajan-Straße 1, in der schönen Philharmonie, die voll ist mit schönen Großstadtmenschen und schönen jungen Philharmonikern auf dem Podium, und schon tritt auch der wunderbare Simon auf und dirigiert die Zehnte des Alten. Dieser wundert sich und erkennt sein Stück, das er nun erst zum zweiten Mal hört (das erste Mal war letzten Sommer in Luzern), zunächst gar nicht wieder (mit Tableau zehn der *Upupa*-Musik beschäftigt, wie er nun mal ist). Aber dann verbreitet sich doch auch für ihn so eine Art Zauber, und es entstehen Klänge, wie er sie zuvor noch nie geschrieben (vielleicht war es ein anderer Autor, der da mitgemischt hat?) – er wundert sich, es interessiert, schließlich berührt es ihn sogar. Und er freut sich so, mitten im Saal unter so vielen musikfreundlichen Leuten zu sein, die ihrer Zustimmung lebhaften Ausdruck verleihen. Auch die jungen neuen Philharmoniker in der Pause hinter der Bühne schütteln Hände und sagen „Danke schön", wer hätte das jemals für möglich gehalten?

Nachher sind Simon, Fausto, Lady Rattle, Majella Stockhausen und Pit Riegelbauer, Jonas Winner und Simons Oxfordianer Literaturprofessor italienisch essen gegangen in der Friedrichstraße. Und die folgenden Abende sind wir wieder in die Philharmonie gegangen zu den Reprisen von Nr. 10, ich habe wieder aufmerksam zugehört: meiner Instrumentation und Intention und Inkarnation, so polyphon und so herbstlich schon.

Die Neubauten am Pariser Platz haben mir eher missfallen. Provinzmodernismus, es sah mir so aus, als ob die Senatoren für Bau und Kultur sich eingemischt und weit mehr als nur ein Wörtchen bei der Planung hineingeredet hätten. Miesepeterig (selbst die französische Botschaft) und unfroh. Da wendet sich der Gast mit Grausen und hört von fern die Messerschleifmaschinen sausen. Das Brandenburger Tor hat etwas Verhängnisvolles – wie komme ich bloß darauf?

Marino, Sonntag, 23. Februar 2003
Wir sind nun schon seit acht Tagen aus Paris zurück, aber noch immer damit beschäftigt, die vielen Eindrücke und Erlebnisse zu verarbeiten, die vom 31. Januar bis 16. Februar in Paris über mich hin ergangen sind: Momentan wirbelt alles noch arg durcheinander im Köpfchen (habe deswegen auch nichts komponiert). Am 30. Januar haben Fritjof v. Nordenskjöld, der deutsche Botschafter, und seine schöne und elegante Frau ein Hauskonzert bei sich im Palais Beau-

harnais, 75, rue de Lille, gegeben, worin Mitglieder des Freiburger Ensembles Recherche mein Streichtrio spielten, ein kleines Potpourri aus *Boulevard Solitude* (eine Musik, die 1949 wenige Minuten von der rue de Lille in der oberen Etage des Café de Flore entstanden ist), und die Klaviersonate von 1959, gespielt von Jan Philipp Schulze.

Einen Tag darauf begann nun *Présences 2003,* das alljährliche *Festival de création musicale* mit 33 Welturaufführungen aus den Federn des Nachwuchses, 26 französische Premieren und 30 Auftragswerke von Radio France. Meine Musik war dieses Jahr sozusagen die Hauptsache, es wurden alle zehn Sinfonien gespielt, vom Orchestre National de France, vom Orchestre Philharmonique de Radio France, dem Orchestre National de Lille, dem von Isle-de-France, dem von Montpellier, dem Orchestre Philharmonique de Strasbourg, auch kleinere Gruppen waren dabei, wie zum Beispiel das Ensemble Intercontemporain und Kammermusikformationen wie etwa das Quatuor Renoir. Im Ganzen hatte es über 800 Mitwirkende für meine Partituren. Die Sinfonien waren allesamt gut einstudiert, tüchtige Kapellmeister standen dafür gerade: Masur, Stefan Asbury, Pascal Rophe, Jean-Claude Casadesus, Heinz Karl Gruber, Friedemann Layer, Jan Latham-Koenig, Myung-Whun Chung.

Der künstlerische Direktor des Festivals heißt René Bosc. Sein Chef ist René Koering, *Directeur de la Musique à Radio France.* Von ihnen muss die Idee zu dieser Henze-Exposition stammen, die mich mit einem Ruck in das Bewusstsein des Pariser (und auch gesamtfranzösischen) Musikpublikums hineingeschubst hat. Die Konzerte, alle in der geräumigen, akustisch vorzüglichen Salle Olivier Messiaen stattfindend, waren brechend voll. Gott allein weiß, woher diese plötzliche Neugier gekommen ist, die mich wirklich sehr gerührt hat und heute noch beschäftigt – so viele Gesichter, alte und junge, so viel Akklamation, so viel Zuspruch und Freundlichkeit, wer hätte das gedacht? Ich selber ganz gewiss nicht, dessen Musik in Frankreich nur ganz selten mal gespielt wurde und dann, meist mit mürrischen Kommentaren versehen, beiseite gelegt, als eine *quantité négligeable*.

Was mir bei den zehn Sinfonien ganz neu war, wenn man mal so tagtäglich richtig damit konfrontiert wird, das ist die Tatsache, dass es da von Anfang an ein festgesetztes, grundlegend stilistisches Verhalten zu sehen und zu hören gibt, das sich vielleicht im Laufe der Jahre immer mehr zu etwas Unverwechselbarem kristallisiert. Und es hat einen Sprachcharakter: Das zu Sagende findet mühelos das geeignete Vokabular, es wird ausgewählt aus einem latent vorhandenen Sprachschatz, dessen Herkunft weniger bei den geliebten, niemals negierten Traditionen zu finden ist als im Inneren des Komponisten, dort, wo die dunklen Ahnungen wohnen, die Nachtmahre und auch die lichten Minuten der Freude und der Liebe. Diese Stücke schienen mir oft wie von anderen Leuten geschrieben, besonders die geglückten Stellen, und ich fragte mich denn auch immer wieder mal: Bin ich das? War ich das? Habe ich mal solch dolle Sachen hingekriegt? Hingelegt? –

Nun aber haben sich im Nachhinein die Erinnerungen an gewisse Stellen in gewissen Stücken leider wie eine Wand zwischen mich und das zehnte Tableau von *L'Upupa* geschoben, sodass ich an nichts anderes denken kann als nur an die Pariser Konzerte und drinnen etwas sich weigert, die notwendigen Noten für die Oper in Betracht zu ziehen oder sie gar endlich auf das Fünfliniensystem zu schmettern. Draußen ist es kalt, aber sonnig, die Mandelbäume stehen schon in voller Blüte, der angekündigte Überfall auf den Irak ist noch einmal verschoben worden, die ganze Welt ist dagegen, aber es hilft offensichtlich doch nichts. In Paris (wo ebenfalls heftige Neinsagerdemonstrationen stattfanden) konnte ich mich an einigen Vormittagen mit den Anfängen von Tableau zehn beschäftigen und bin an die Stelle geraten, wo der Alte Mann bei der (falschen) Nachricht vom Tode Kasims sich die Kleider zerreist. Immerhin! Und bis jetzt erscheint die Idee, die ganze Szene als ein Ballett abrollen zu lassen, als Fandango mit einem festgesetzten ostinaten Rhythmus, ohne Tempowechsel (aber womöglich mit Taktwechseln), das reizt mich, törnt mich an. Vielleicht könnte es morgen früh losgehen?

FUNDSTÜCKE

Persische Legende: Die Upupa (der Wiedehopf) war eine verheiratete Frau. Eines Tages, als sie sich vor dem Spiegel kämmte, trat plötzlich unangemeldet der Schwiegervater herein. Erschrocken verwandelte sich die Frau in einen Vogel mit einem Kamm auf dem Kopfe. Auf Persisch *Shânèser* („mit dem Kamm auf dem Kopf").

Für die Araber *Al-Hudhud*, Arztvogel, *Rhabdomant*, entdeckt versteckte Quellen und Brunnen. Symbolisiert die Sohnesliebe.

In Tanger wird die Upupa in den Käfigen der Basare gehalten, um die Einbrecher abzuschrecken.

Marius Schneider (Autor von *Die symbolischen Tiere und ihre musikalische Herkunft in der Mythologie und in der antiken Skulptur*) erklärt, dass die Note D der Upupa eigentümlich ist und die Intelligenz symbolisiert. In der heutigen *Upupa*-Musik ist das D um einen Halbton nach oben gerutscht.

Der antike Dichter Claudio Eliano erzählt eine indische Legende:
Es war einmal ein junger Prinz, der hatte einige ältere Brüder. Diese, einmal erwachsen, zeigten ihre boshafte Natur und fingen an, den kleinen Bruder mit

167

Missachtung zu behandeln und die Eltern zu beschimpfen. Diese hielten es nicht mehr aus und gingen mit dem Kleinen fort. Aber die Wege des Exils waren lang und beschwerlich. Nach einigen Reisewochen starben sie, von der Müdigkeit und von den Entbehrungen erschöpft. Der kleine Prinz war verzweifelt und entschloss sich, sich mit einem Schwert zu enthaupten und die Eltern in seinem eigenen Körper zu begraben. Und die Sonne, die alles sieht, verwandelte ihn, voller Bewunderung, seiner großen Ergebenheit zu den Eltern wegen, in einen wunderschönen Vogel und gab ihm ein langes Leben. Aus dem Haupte ließ sie ihm einen Federbusch wachsen. (Claudio Eliano, 170-230 n. Chr., *Die Natur der Tiere*).

Ugo Foscolo, aus der Grabrede für Ippolito Pindemonte (1807):

> Senti raspar fra le macerie e i bronchi
> la derelitta cagna ramingando
> su le fosse e famelica ululando;
> e uscir dal teschio, over fuggia la luna,
> l'upupa, e svolazzar su per le croci
> sparse per la funerea campagna
> e l'immonda accusar col luttuoso
> singulto i rai di che son pie le stelle
> alle obbliate sepolture. Indarno
> sul tuo poeta, o Dea, preghi rugiade
> dalla squallida notte. Ahi! sugli estinti
> non sorge fiore ove non sia d'umane
> lodi onorato e d'amoroso pianto.

> Hör, wie sie scharrt zwischen Schutt und knöchernem Astwerk,
> die hungrige Hündin, die heulend umherirrt bei den Gräbern.

Hör zu, wie der Wiedehopf den Totenkopf ver-
lässt,
worin er sich vor dem Mond versteckte, und wie
er über
die Grabkreuze dahin flattert, die über das trau-
ervolle
Feld verteilt liegen, und wie der Schmutzfink
mit schmerzvollem Schluchzen das Sternenlicht
anklagt, das die vergessenen Gräber erhellt.
Vergebens, o Göttin, flehst du um Nachttau für
das Grabmal im Dunkel.
Ach! dem Verblichenen entwächst keine Blume,
wenn nicht von menschlicher Rede und Tränen
der Liebe genährt.

Eugenio Montale (aus *Ossi di Seppia*):
Upupa, ilare uccello calunniato
dai poeti, che roti la tua cresta
sopra l'aereo stollo del pollaio
e come un finto gallo giri al vento;
nunzio primaverile, upupa, come
per te il tempo s'arresta,
non muore piu' il Febbraio,
come tutto di fuori si protende
al muover del tuo capo,
aligero folletto, e tu lo ignori.

Wiedehopf, heiterer Vogel, von den Dichtern be-
leidigt,
der du dein Haupt im Kreise drehst
über dem luftigen Dachgebälk des Hühnerstalls,
und wie ein falscher Hahn im Winde kreisest;
Bote des Frühlings, Wiedehopf, so wie
die Zeit anhält für dich,
der Februar nicht mehr stirbt,
und wie draußen alles sich neigt

vor den Regungen deines Hauptes,
geflügelter Kobold, und du weißt nichts davon.[6]

---

[6] Übersetzungen von Hans Werner Henze

Fausto

L'Upupa und der Triumph der Sohnesliebe

Ein deutsches Lustspiel
Elf Bilder aus dem Arabischen

Die Oper ist René Bosc gewidmet

Synopsis

Erster Teil

1. Tableau: Der Alte

Ein alter Herr, Al Radschi el-Din (Bariton), genannt „der Hagestolz", Großwesir auf Manda, Insel der schwarzen Paviane, lebt auf den Zinnen des höchsten Gebäudes. Er ist unglücklich: Seit einiger Zeit, seit jenem Abend, an dem er sich versehentlich an seinem schönen Wiedehopf vergriffen hat, an der Upupa, seinem einzigen Spielzeug, ist er in tiefe Melancholie gefallen. Er hat seine drei Söhne ausgeschickt, um das flüchtige Tier zurückzugewinnen.

2. Tableau: Die Söhne

1. Adschib („der Wunderliche"), ein Nichtsnutz (Kontratenor), der den vorgegebenen Pfad der trennenden Tat nicht begeht.

2. Gharib („der Unglaubwürdige"), ein Schlitzohr (Bassbuffo), das den vorgegebenen Pfad des großen Feuerbrands nicht begeht.

3. Al Kasim („der Teilende"), jüngster Sohn des Großwesirs (hoher Heldenbariton). Er begeht den Pfad, der wegführt und ohne Rückkehr ist. Al Kasim ist der Held, und die Liebe zum Vater lässt ihn auf jede Vorsicht verzichten. Es geht ums Leben.

Die drei Brüder machen sich auf ihre drei verschiedenen Wege. Al Kasim geht entschlossen voran, die beiden anderen verlangsamen ihre Schritte und bleiben dann am Großen Tor stehen. Sie lassen sich zu ei-

175

nem Picknick und zum Kartenspiel nieder. Beschließen, keine der beiden gefährlichen Pfade zu betreten
und stattdessen hier zu warten.

3. Tableau: Der Dämon
Auf einem kahlen Berg begegnet Al Kasim seinem
Dämon (Tenor). Es entstehen Vertrauen und Freund-
schaft zwischen den beiden. Der Dämon warnt Al Kasim vor den bevorstehenden Gefahren und rät ihm
umzukehren. Aber Al Kasim lässt sich nicht überreden, und es gelingt ihm, sich den Dämon gefügig zu
machen, der nun seine Flügel ausbreitet und Al Kasim zum Königreich Pate fliegt, denn dort wohnt die
flüchtige Upupa im Garten des uralten Malik.

4. Tableau: Auf der Insel Pate
(a) Al Radschi, der alte Hagestolz auf seinem Turm
in Manda, hat einen Angsttraum, betreffend Al Kasim und die Gefahren, die ihn bedrohen.
(b) Der Dämon erreicht Pate und setzt Al Kasim in
der Nähe des verbotenen Gartens ab.
(c) Al Kasim steigt über die Mauer in den Garten hinein. Duft von Gardenien und Nachtviolen (die Blumen singen). Der Dämon zeigt Al Kasim die Stelle,
wo der goldene Käfig mit der Upupa steht. Al Kasim
greift danach, und in diesem Moment muss der Dämon fürchterlich niesen, die Upupa erwacht, macht
ein großes Angstgeschrei. Die Kreaturen des Gartens schrecken auf, die Gärtner eilen herbei und alsbald auch die Höflinge und schließlich Malik, der
uralte Sultan (Mezzosopran). Al Kasims Dämon ist
verschwunden.
Es folgt ein Verhör, in welchem es Al Kasim gelingt, den Sultan durch den Bericht vom leidenden
Vater so sehr zu rühren, dass er unserem Helden den

Käfig mit der goldenen Upupa schenkt. Doch alles hat seinen Preis. Eine Gegengabe wird gewünscht. Der alte Malik liebt ein wunderschönes jüdisches Mädchen names Badi'at el-Hosn wal Dschamal (Sopran). Dieses Frauenzimmer ist gefangen worden, berichtet der alte Malik, entführt, lebt nun in einer Festung im Lande Kipungani, belästigt durch übertriebene Geschenke von Seiten Dijabs des Tyrannen, der sie gern sein Eigen nennen würde, aber angeblich liebt das Mädchen niemanden mehr als ihn, den alten Malik aus Pate. Al Kasim soll sie aus der Festung befreien und sie sogleich hierher zu ihm fliegen, in die Arme des alten Malik, ihren „greisen, aber lüsternen" Bräutigam. Wie immer sagt Al Kasim „ja" und fügt hinzu, dass das Misslingen ein Ding sei, das nimmer und nimmer stattfinden kann.

5. Tableau: Ein Konflikt
Dämon und Al Kasim auf der Landstraße. Es ist früh am Morgen. Sie tragen den Käfig mit dem Wiedehopf. Ein Streit: Der Dämon will nicht nach Kipungani, er will auf die Rettung des Judenmädchens verzichten und Al Kasim sofort nach Hause bringen. Er sei der Reisen müde, sagt er. Schließlich gelingt es Al Kasim doch noch, den Dämon zum Flug nach Kipungani zu überreden.

Zweiter Teil

6. Tableau: Kipungani
Al Kasim und sein Dämon betreten leise und vorsichtig den Garten Dijabs, des alten Tyrannen (Basso profondo). Nachtmusik von Vogelstimmen, Fröschen und Zikaden. Al Kasim findet Badi'at

schlafend auf einer Gartenbank. Liebesduett (mit Badi'at noch im Halbschlaf) auf den ersten Blick. (Der Dämon kommt hinzu mit Warnrufen.) Al Kasim will das Mädchen küssen, sie zappelt und schreit. Fakkeln, Windlichter, Laternen, baumlange nubische Soldaten mit Hellebarden. Auftritt Dijab der Tyrann, der sich alsbald als ein freundlicher milder älterer Herr herausstellt, wenn auch nicht gleich. Verhaftung Badi'ats, Al Kasims und des Dämons. Dijab begnadigt sie, knüpft daran allerdings die Bedingung, dass die drei auf der Heimreise einen Abstecher nach dem Fürstentum Matandoni machen und dort eine große Kiste unbekannten Inhalts entwenden und nach Kipungani bringen. Nach dieser Skorribande sind sie frei und können mitsamt der Upupa nach Manda zurückkehren.

7. Tableau: Der Alte (II)
Al Radschi, der alte Mann auf dem Turm zu Manda, erleidet einen zweiten Angsttraum.

8. Tableau: Ein Raubzug
Der Dämon sitzt auf der Kiste, die er auf Matandoni gestohlen hat (sie ist schwarz lackiert und mit silbernen Borten und Griffen beschlagen). Badi'at und Al Kasim waschen ihm die Wunden, die er bei seinem Raubzug davongetragen hat. Wir erfahren von der wundersamen Rettung durch die Freunde, Badi'at und Al Kasim.

Die kleine Karawane setzt sich alsdann in Bewegung. (Es ist keine Rede davon, und es wird kein Versuch gemacht, die Kiste nach Kipungani zu bringen!) Der Dämon hält einen Sonnenschirm über Badi'at, mit dem anderen Arm schultert er die Kiste. Die Dame hält einen Sonnenschirm über Al Kasim, der den Käfig mit der Upupa darin trägt, die vielleicht ihrerseits von einem kleinen Sonnenschirm geschützt wird.

9. Tableau: Ein Wiedersehen
(a) Beim Großen Tor. Heller Tag. Adschib und Gharib sitzen im Schatten am Brunnenrand und vertreiben sich (wie immer) die Zeit mit dem Kartenspiel.
  Al Kasim und sein kleines Gefolge treten auf, freundliche Begrüßung.
(b) Abschiednehmen. Der Dämon nimmt Abschied von Al Kasim (weiter als bis zum Großen Tor darf er ihn nicht begleiten). Unter einem Vorwand veranlassen die bösen Brüder Al Kasim, sich in den Brunnen hinunterzuhangeln, um Trinkwasser zu finden, dabei durchschneiden sie das Seil. Badi'at springt hinterher.
(c) Al Kasim und Badi'at im Brunnen.
(d) Der Dämon hat ihre Stimmen gehört, er ist zurückgekommen und zieht die beiden herauf. Sie danken ihm herzlich und fragen, auf welche Art man ihm zum Abschied eine Freude machen kann. Er hat einen Wunsch:
(e) Er möchte einmal einen der roten Äpfel sehen (und verzehren), die es auf Manda gibt, in Al Kasims Heimat, und die die ewige Fruchtbarkeit symbolisieren, das weise Erkennen, Liebe und Freude. Die Rundungen der Apfelfrüchte lassen uns an Einheit, ans Ganze, an Vollkommenheit denken.

10. Tableau: Die Zauberkiste, ein Ballett
(a) Manda. Großer Empfangssaal im Palais Al Radschis, des alten Mannes. Die bösen Brüder bringen zwar die Goldene Upupa, aber auch die Schreckensnachricht, dass Al Kasim im Zweikampf gefallen ist. Der Alte ist verzweifelt. Er öffnet den Käfig und lässt

die Upupa frei. Adschib und Gharib schleppen die Kiste herbei (die im Laufe der Zeit immer größer und schwerer geworden ist). Dreimal sagen sie das Zauberwort „Habari mzuri". Mit einem lauten Knall öffnet sich eine Tür in der Kiste. Drei Gnome treten in guter Ordnung heraus und machen eine zunächst noch milde, dann aber immer lauter und gewalttätiger werdende Musik, mit der die beiden bösen Brüder geprügelt, getreten, gedemütigt werden. Sie haben das zweite Zauberwort vergessen oder nie gekannt. Sie schreien verzweifelt.

(b) Im Augenblick, da das Chaos überhand zu nehmen scheint und die Strafaktionen die beiden Bösewichte umzubringen drohen, treten Hand in Hand Al Kasim und Badi'at in den Saal. Sie kennen natürlich das Zauberwort „schoulim", sprechen es dreimal aus, und die Musik verschwindet schnell, in guter Ordnung, wieder in der Kiste.

Al Radschi umarmt Al Kasim und begrüßt das Mädchen. Die beiden Bösewichte werden in die tiefste Provinz verbannt und zur lebenslangen Tätigkeit in den städtischen Kloaken verurteilt.

Der Alte sagt: und morgen soll Hochzeit sein! Aber Al Kasim bittet um Aufschub. Zuerst einmal muss er zum Großen Tor reiten und seinem Dämon wie versprochen den Apfel vom Baum des Lebens bringen.

11. Tableau: Die blaue Stunde
Der alte Mann und Badi'at, welche die goldene Upupa-Feder in Händen hält, sitzen friedlich oben auf dem Turm und schauen dem Kamelreiter nach, der immer kleiner zu werden scheint, bis er im Abendlicht verschwindet.

Personae dramatis

Badi'at el-Hosn wal Dschamal, das jüdische Kind	Sopran
Der Dämon	Tenor
Der alte Mann (Al Radschi, genannt der „Hagestolz"), Großwesir auf Manda, Insel der schwarzen Paviane	Bariton
Malik, der uralte Sultan von Pate	Alt
Dijab, der alte Tyrann von Kipungani	Basso profundo
Al Kasim („der Teilende"), jüngster Sohn des Großwesirs (begeht den Pfad, der wegführt und ohne Rückkehr ist)	hoher Heldenbariton
Adschib („der Wunderliche"), ein Nichtsnutz (begeht nicht den vorgegebenen Pfad der trennenden Tat)	Kontratenor
Gharib („der Unglaubwürdige"), ein Schlitzohr (begeht nicht den vorgegebenen Pfad des großen Feuerbrands)	Bassbuffo
Unsicht- und unhörbar: der namenlose Diktator von Matandoni	

Ein kleines Vokalensemble: Gärtner, Blumen, Wächter, nubische Soldaten, Büttel, Höflinge

Insassen der Wunderkiste: 3 Rachegeister (Gnome)

Symphonieorchester

181

1. Tableau

Der Alte

*Auf den Zinnen des höchsten Gebäudes von Manda,
Insel der schwarzen Paviane.
Der alte Mann allein. Der alte Mann wendet sich an
seine Zuhörer (so wie es im Verlauf des Stückes gelegentlich auch andere Akteure tun werden).*

*(in einem natürlichen [freundlichen, väterlichen] Er-
zählton)* In den frühen Jahren des vergangenen Jahrhunderts hat eine alte Dame aus Aleppo dem deutschen Menschenfreund Littmann von einer etwas
märchen- und fabelhaft anmutenden Begebenheit erzählt, worin meine Wenigkeit hier oben heute Abend
in der Rolle eines alten Mannes in Erscheinung treten
wird.

So kommt es, dass ich nun hier oben im alten Tur-
me wohne, allein, allein Tag und Nacht. Zwischen
Aurora und blauer Stunde setze ich mit zittriger
Hand das Fernglas an, doch was mein Auge sucht,
will sich nicht zeigen.

Ich schau auf die Lagune, das offene Meer, auf
schlanke hohe Bäume, sehe ihre roten Gipfel im
Sturmwind. Sand fliegt auf, Blätter wirbeln, Maultie-

re wiehern, Kinder greinen. Und ich, ich harre aus, hier im Turm, und warte.

Das schönste, liebste Angesicht! Die größten Freuden meiner Seele, das waren die Besuche eines überaus prachtentfaltenden, wenn auch schweigsamen Vogelweibchens, wohl aus der bunten und hehren, mythenumflorten Familie der Wiedehopfe stammend. Es war mir, als hätte es Nachrichten für mich aus den weiten Katakomben des Zwischenreichs. Es trug eine Krone, sein Gefieder blitzte auf in der Abendsonne, sein Flügelschlag wehte mir zauberhaft den Odem der Sehnsucht zu.

Und einmal, da habe ich, schwachsinnig vor Glück und Begeisterung, meine Hand nach dem schönen Wesen ausgestreckt, das Tierchen aber hat sich gewehrt, schrecklich, nach Kräften gewehrt, sein kleines Herz schlug wie wild in meinen Händen. Dann hat es sich mit einem einzigen Schnabelhieb befreit und ist auf laut rauschenden Flügeln davon.

Aber es ist eine goldene Feder zwischen meinen blutigen Fingern stecken geblieben. Hier halt ich sie, eine schmähliche Trophäe! Ihr Besitz macht mich unglücklich, denn das schöne Wesen ist seit dem Tage meiner habsüchtigen Untat nicht mehr erschienen, nicht ein einziges Mal.

Und nun verzehre ich mich nach ihm, meinem englischen Geistlein. Das Herz ist zu Tode betrübt, und ich muss mit den Tränen kämpfen.

Daher also hab ich meine drei Söhne ausgeschickt, den Vogel zu suchen, und koste es auch das Leben. Es sind gute Söhne. Der Älteste, mit Namen Gharib, nimmt es allerdings leider mit der Wahrheit nicht so genau (mein Vaterherz weiß das seit langem). Es kümmert mich, denn ich liebe meinen Gharib, ganz wie ich den zweiten liebe, den Adschib, der zwar nicht der Lüge fähig ist wie der eine, dafür aber Unzulässiges tut und ein Ärgernis macht aus seinem Dasein. Beide, das Schlitzohr und der Nichtsnutz, sind nicht ganz nach meinen Wünschen geraten.

Nur Kasim, der Jüngste, ist tugendhaft, mutig und arglos. Er wird es sein, der mir zur Erfüllung meiner Sehnsucht die wundersame Upupa nach Hause bringt.

O Kasim, mein liebster Sohn!

Vor vierzig Tagen aufgebrochen, schnelle Kamele haben sie nach Nordosten getragen, erreichen meine Söhne heute vermutlich das Große Tor, hinter dem die drei Scheidewege liegen, beschwerliche Fußpfade, zu deren Seiten, kaum hinter Dorngestrüpp verborgen, die schweren Gefahren lauern: Abgründe, Verrat, Betrug, Schlangengruben und Wüstenstaub.

♫ Verwandlung

2. Tableau

Die Söhne

Am Großen Tor, bei den Scheidewegen.
Gharib, der Lügner, und Adschib, der Nichtsnutz,
versuchen, die in Stein gemeißelten Inschriften
auf dem Torbogen zu entziffern.
Al Kasim hilft ihnen dabei.

ADSCHIB: Zum pf... pf...?

AL KASIM: Pfad.

ADSCHIB: der t… tr… tro…?

AL KASIM: tre… der trennenden Tat.

GHARIB: Hier les ich: wo der Feuerbrand naht …

ADSCHIB: Trennen? Taten? Aber das ist doch nichts
für euren Adschib! Ich bin doch nur für die kleinen Dinge des Lebens zu gebrauchen, fürs Essen
und Trinken, fürs Tanzen und Springen!

GHARIB: Möchtest du lieber dem Feuerbrand entgegentreten?

ADSCHIB *(kreischt)*: Um Himmels willen, wo denkst
du bloß hin?

GHARIB: Möchtest du lieber den Pfad betreten, der
wegführt und ohne Rückkehr ist?

ADSCHIB: Entsetzlich! *(Hüpft mit Angstschreien von
einem Bein aufs andere)*

AL KASIM *(bescheiden)*: Der Pfad ohne Rückkehr ist
ja auch schon seit langer Zeit für mich vorgese-
hen worden.

ADSCHIB UND GHARIB: Ach, wie schade!

GHARIB: Den hätte auch ich so gern betreten, aber
nun kommen wir leider ja wohl viel zu spät.

BEIDE: Ohne Reue achten wir der natürlichen Grazie
deines Entschlusses, weil du ja nicht nur unser
Jüngster, sondern auch der Schönste, der Klügere
und bei weitem der Tapferste bist von uns allen!

AL KASIM: Bei allen Schritten, die wir tun, liebe Brüder, müssen wir an den sterbenskranken Vater
denken und an seine Sehnsucht. Wir müssen uns
beeilen! Adschib, Bruder, sammle dich, schleife

dein Buschmesser, mach dich bereit zur trennenden Tat!

ADSCHIB UND GHARIB *(beiseite)*: Was immer das sei …

GHARIB: Dann bleibt für mich Armen also nur noch dieser gewöhnliche Waldbrand übrig. Nun gut! Ich werde ihm entgegentreten wie ein Held der Antike. Was diese Leute seinerzeit hingekriegt haben, das kann doch heute sowieso fast schon jeder!

AL KASIM: Genug. Sieh zu, Bruder Gharib, sieh zu, dass du stets viel Löschwasser sowie Schläuche und Pumpen in ausreichender Zahl mit dir führest. Nun wollen wir rasch noch beten, dass wir vom Glück begünstigt sein möchten, damit die Götter …

Die drei Brüder murmeln ihre Gebete. Dann umarmen sie sich, nehmen ihre Siebensachen auf und schlagen ihre Wege ins Unbekannte ein. Sobald Al Kasim außer Sicht ist, verlangsamen Adschib und Gharib ihre Schritte. Dann bleiben sie stehen und schauen sich an.

GHARIB: Er ist weg.

ADSCHIB: Weg.

GHARIB: Die Steine, die in seiner Straße staken, sind scharf wie Messer, spitz wie Hacken.

ADSCHIB: Lasset uns ausruhn hier am Brunnenrand.

Sie setzen sich und bereiten ein Picknick.

BEIDE: Zunächst einmal ein gutes frisches Bier, dazu ein grüner Löwenzahn mit Affenkäse, ein Krö-

tenei mit Mayonnaise und ein paar Runden
Siebzehn und Vier.

*Sie holen die Spielkarten hervor, essen, trinken und
rauchen.*

GHARIB *(wendet sich an die Zuhörer, indessen werden die Karten ausgeteilt)*: Meine Rolle ist schwer
und liegt mir eigentlich gar nicht. Muss mich
erst noch damit befreunden, mich hineinversen-
ken, muss sehn, wie ich die Rolle anlege: Etwas
Geistiges muss rein. In den flammenden Stürmen oder besser in ihrer Bekämpfung liegt mein
ganzes Problem: Es ist mir halt leider ein ungewöhnlich hoher Grad mangelnden Opfermutes
zu eigen.

ADSCHIB *(wendet sich an die Zuhörer)*: Drachen und
ihrer Brut die Köpfe abschlagen, so eine Drecks-
arbeit ist eigentlich gar nicht mein Thema. Vielleicht hätte diese Sache von anderen Männern
verwirklicht werden sollen, von einer Spezial-
truppe womöglich, mit Flammenwerfern, Blut-
hunden und Bogenschützen. Aber unbedarft und
mutterseelenallein, wie ich nun mal bin, was
könnte ich da ausrichten? Nichts, nichts, rein gar
nichts!

*Sie fangen an zu spielen
(durcheinander, sie denken halblaut beim Spiel).*

ADSCHIB: Kein Glück. Es bewegt sich so gut wie nichts,
verdammter Mist. Hab keinen Joker, auch kein
Ass. Drachen und Lurche machen mir Angst,
weil sie stinken.

GHARIB: Kreuz-König, Herrgott, und die teuren Löschgeräte. Herz-Bube, Brandwunden, Schwefel und Napalm. Karo-Dame, aha. Mache mir eine Leiter. Gasmaske? Kreuz-Bube, rein mit dem Joker, endlich, es kann losgehn. Mit Tränengas, jawohl.

ADSCHIB UND GHARIB *(zusammen, durcheinander)*: Man kann vom Gestank ohnmächtig werden, tja, und was dann? Nimm dir ein Herz: und die Pik-Dame, Karo-König, Kreuz-Bube, und wieder provozieren, angreifen. Wenig fehlt, und ich habe gewonnen. Wer verliert, muss zahlen. Das Ass kann eine Eins sein oder aber manches Mal Vierundzwanzig. Es geht nicht auf! Der Joker ersetzt jede beliebige Karte. Herz und Bube, Kreuz und Dame. Du kannst einpacken. Die Partie ist vorbei, ich habe gewonnen.

Die Nacht bricht herein.

Drachenzähne, verkohlte Tierkadaver, verkohltes Hausgetier, Blutspritzer an den kalten schwarzen Wänden, verbrühte Kinderhände, es wimmelt und heult und jault und jault – ist das vielleicht der Wüstenwind?

Sie tanzen und hüpfen vor Angst.

Am besten bleiben wir wohl überhaupt die ganze Zeit hier, bilden Kontrollpunkte und Verteidigungslinien. Unterstützen Bruder Kasim indirekt bei der Ergreifung von Papas Upupa.

Sie rollen sich in ihre Decken.

ADSCHIB UND GHARIB *(einschlafend)*: Papas Upupa-
pas papau pas upapu upapua.

♫ Vorspiel zum 3. Tableau

3. TABLEAU

Der Dämon

Früher Morgen. Oben auf einem kahlen Berge.
Der Dämon sitzt auf dem Boden. Wirre Haarsträh-
nen, die seine Augen verdecken.

DÄMON *(an die Zuhörer gewendet)*: Das Menschenkind, das mir angekündigt wurde, wird sogleich
des Weges kommen. Schon hör ich seine Schritte
die Stille durchbrechen. Laub raschelt, Zweige
knacken, nun kommt es aus dem Unterholz hervor – ich fühle die Witterung.

Al Kasim tritt auf und nähert sich dem Dämon. Er
zieht seinen Hut, verbeugt sich.

AL KASIM: Guten Morgen, Herr.

DÄMON: Guten Morgen, Kasim.

AL KASIM: Wer seid Ihr, dass Ihr meinen bescheidenen Namen kennt?

DÄMON: Ich bin dein Dämon, habe auf dich gewartet drei Tage und drei Nächte lang auf diesem
Berge.

AL KASIM: Oh! *(Er tritt näher und küsst dem Dämon die Hand.)* Welch große Ehre. Was darf ich tun für Eure Exzellenz?

DÄMON: Schau her, Kasim, mein Haar ist so lang und ein wenig verfilzt. So sehr, dass ich schon seit langem fast gar nichts mehr sehen kann von der Welt, möchtest du mir vielleicht helfen, Kasim?

AL KASIM: Gewiss doch, mit Vergnügen, My Lord, ich schneide sie kürzer *(fängt unverzüglich damit an)*. Nichts Einfacheres auf der Welt.

DÄMON: Ich darf mich glücklich preisen, es wird gleich heller! Sag mir, Kasim, was führt dich in diese trostlose Gegend, wo der Wind pfeift und die Feldblumen vor Kälte zittern?

AL KASIM: In langen, oft qualvollen Fußmärschen bewege ich mich langsam auf das namenlose Land zu, worin ein wundersamer Vogel wohnt ...

DÄMON: ... eine Upupa mit goldenen Federn.

AL KASIM: Ganz recht *(zögert)*. Ihr kennt sie? *(Der Dämon nickt.)* Mein alter Vater liebt sie sehr, müsst Ihr wissen. Der Vogel pflegte ihn zu besuchen, oben im Glockenturm. Doch dann, auf Grund irgendeines Zwischenfalls, hat sie von einem Tag auf den anderen ihre Besuche eingestellt.

DÄMON: Hat denn der Alte sie achtlos gekränkt? Hat er vielleicht mit den Händen nach ihr gegriffen?

AL KASIM: Ich weiß nur eines: Sein Herz kann jeden Augenblick stehen bleiben. Nur die Rückkehr der Upupa kann ihn heilen. Meine Brüder und

191

ich sind ausgezogen, den Vogel zu finden und ei-
ligst nach Hause zu tragen.

*Der Haarschnitt ist beendet. Al Kasim beginnt, den
Dämon zu kämmen.*

DÄMON: Nicht so wild!

AL KASIM: Verzeiht.

DÄMON: Schon gut. Deine Freundlichkeit hat mich
gewogen gestimmt. Aber gerade deswegen muss
ich dich ganz ernsthaft warnen, lieber Kasim: Es
wäre viel besser, du kehrtest um, bevor es zu spät
ist. Die Upupa zu finden und zu fangen, das ist
ein unerhört schwieriges Unternehmen. Man sagt,
es ist unmöglich, aber tödlich.

AL KASIM: Ich muss den Vogel fangen, um jeden Preis!

DÄMON: Um jeden Preis? Fünf Stockhiebe? Oder
möchtest du lieber gevierteilt werden, auf das
Rad geflochten oder lichterloh verbrannt?

AL KASIM *(fällt vor dem Dämon nieder)*: Ich habe gesagt: um jeden Preis! Bitte helft mir! Aufgeben,
das ist ein Ding, das nie und nimmer geschehen
darf! Wenn ich den Vater nicht retten kann,
bleibt auch mir nur der Tod! Ach mein Dämon,
liebster Freund: Helft mir! Helft mir! *(Er weint,
er umfasst die Füße des Dämons.)* Bei deinem
Haupte, Dämon, auch wenn ich tausend Tode
sterben müsste, ich will nicht umkehren!

DÄMON: Lass mich, lass mich los! *(Er befreit sich.)*
Verrücktes Ding. Und hör auf zu heulen.

Al Kasim putzt sich die Nase und wird still.

Also gut, höre zu, Kasim. Du hast mich – leider – gerührt, weil du so verrückt bist, dir Unmögliches in den Kindskopf zu setzen. Aber wisse, dass wir Dämonen dazu neigen, ungehobelt zu deinesgleichen zu sein und gefährlich, zumal wir eure Heroismen moralisch nicht überzuberwerten geneigt sind. Wir geraten deshalb auch manchmal grundlos in Zorn und fangen an, die menschliche Seele zu kränken und sie zu beißen auf die eine oder andere grausige Weise. Dein liebliches Betragen aber hat alles verändert.

Nach Einbruch der Dunkelheit werde ich dich nach Pate fliegen, einem Königreich. Wir landen lautlos und sind ganz still.

Während du dich frevelhaft in den königlichen Garten einlässt, um den Vogel zu stehlen, werde ich draußen im Schatten des Haupttores warten. Du darfst aber nicht reden, nur ganz leise atmen. Darfst nichts anfassen, sonst entsteht ein Lärm, und wenn sie kommen, dich zu entdecken und festzunehmen, dann sind wir verloren!

Denk an meine Worte, halte den Mund und sitz auf, damit ich endlich, endlich, die Flügel beide ausbreiten kann.

Al Kasim hockt sich auf den Rücken des Dämons.

♫ Instrumentalmusik:
Die Luftreise nach Pate.

4. TABLEAU

Auf der Insel Pate

(a)
Al Radschi el-Din, („der Hagestolz"), der alte Vater,
hat einen Angsttraum, nachts auf dem Turm.

DER ALTE MANN: Ausgleiten – abstürzen – o Kasim!
Ein Licht! Ich bitte höflichst, macht Licht! Tut
ihm nichts. Er ist ein Gerechter, seine Tugend
funkelt wie der Abendstern, seht ihr das nicht? Er
stürzt hernieder in die Schlucht, gleich schlägt er
hin auf das Pflaster, der Schädel zertrümmert, das
Genick zerbrochen, o Schmerz! *(Er purzelt von
seinem Lager, erwacht, reibt sich die Augen.)*

Gleichzeitig:

(b)
*Der Dämon erreicht Pate und setzt Al Kasim in der
Nähe des verbotenen Gartens ab. Es ist Mitternacht.*

(c)
Labyrinth.
*Al Kasim steigt über die Mauer in den wunderbaren,
verbotenen Garten hinein, bewegt sich auf Zehenspitzen zwischen den Lorbeerhecken. Duft von Gardenien und Nachtviolen, von geflecktem Knaben-
kraut und tränenden Herzen: Gesang der Blumen.
Der Dämon hockt oben auf der Mauer und versucht,
von dort Al Kasim zu dirigieren und die Vorgänge zu
beobachten. Al Kasim sucht, verläuft sich. Zuweilen
zuckt er verängstigt zusammen.*

*Der Dämon zeigt ihm von weitem, von oben, die
Stelle, wo sich der goldene Käfig mit der Upupa befindet. Al Kasim greift nach dem Käfig. Der Dämon
niest. Die Upupa erwacht, schlägt mit den Flügeln,
macht ein großes Geschrei. Die Kreaturen des Gartens schrecken auf, die Gärtner eilen herbei und alsbald auch die Höflinge, und schließlich Malik, der
alte Sultan.*

Al Kasims Dämon ist verschwunden.

MALIK: Dieb?

AL KASIM *(verneigt sich)*

BÜTTEL: Hände abhacken. Augen raus. Ohren ab ...
(verstummt auf ein Zeichen des Sultans)

MALIK: Aber warum nur wolltest du stehlen, mir die
goldene Upupa entwenden? Sag mir doch bitte
den Grund!

AL KASIM: Hoher Herr, weiser Sultan, wisset, ich bin
kein Dieb. Ich bin hier, um eine Pflicht zu erfüllen. Mein Vater, Al Radschi el-Din, genannt „der
Hagestolz", ist Großwesir und lebt ...

MALIK: ... in Manda?

AL KASIM: Ja, Herr, in Manda, auf der Insel der
schwarzen Paviane.

MALIK: Mein Freund Radschi, o welch glückliche
Nachricht! Und du bist sein Sohn, sagst du?

AL KASIM: Ja, Herr, der jüngste von dreien, Al Kasim
der Name. *(Kniefall)*

MALIK: Steh auf, guter Kasim, und sprich!

♫ Arie

AL KASIM: O Durchlaucht! Ein dunkler Schatten liegt
über unserem Hause. Mein guter Vater hat sich
einst in einen goldenen Vogel verliebt (der übrigens aufs Haar demjenigen gleicht, der sich hier in
diesem Käfig befindet). Das charmante Federtier
kam fast täglich gegen Abend zu ihm. Aber eines
Tages hat es plötzlich seine Besuche eingestellt.

MALIK: Der Grund?

AL KASIM: Ach, es gibt nur schreckliche Ahnungen,
Herr! Der Vogel blieb einfach aus. Seitdem lei-
det, zerfällt der alte Mann vor Trauer zusehends,
von Tag zu Tag.

Alles flennt vor Rührung.

Armer alter Herr, armer Alter!
Wehmut will mich plagen. Ich klag und weine.
Deshalb muss ich weinen.
Tränen, bittre Tränen weinen.
Bittre Perlen, Leid und schwarze Trauer
Bittres Leid, schwere Leiden und schwarze Trauer
Bittre Perlen, Odem der Trauer
Bittrer Tränenquell, kalter Stein
Kaltes Land
Ein Alter
Der arme Mann
Alt, einsam weinen
Armer alter Mann

*Kurz entschlossen überreicht der Sultan Al Kasim die
goldene Upupa in ihrem Käfig.*

MALIK: Der arme Radschi el-Din! Seine Leiden sind mir nicht fremd. Auch ich kenne die unsäglichen Qualen. *(Er bietet Al Kasim an, sich zu ihm zu setzen.)*

♫ Arie

Denk dir, in Kipungani, im fernen, südlichen Landstrich des Affenbrotbaumes, dort wohnt seit langem ein wunderbares Judenmädchen, Badi'at el-Hosn wal Dschamal mit Namen. Ihre Augen haben den Widerschein des Halbmonds auf flutendem Meer. Ihr Lächeln trägt uns die kühlende Morgenluft zu. Mit der Jungfräulichkeit einer Gazellenkuh schreitet Badi'at die Blumenbeete ab, bis hin zum Granatapfelspalier und zu den Plantagen des Jujubenbaums.

Ja, und ihr Haar leuchtet zinnoberrot, wie das Abendlicht! Ihr Garten (ihr Gehege) ist von baumlangen nubischen Soldaten bewacht, deren Hellebarden in der Sonne funkeln. Badi'at wurde einst heimtückisch aus ihrem eigenen Land entführt, auf Befehl Dijabs, des alten Tyrannen. Der wünscht sich heute noch, dass Badi'at seinen Höflichkeiten Aufmerksamkeit schenken und die Gaben annehmen möge, die ihr täglich in den Garten gebracht werden: Obst, Gold und Geschmeide – aber sie, Badi'at, sie schweigt, schließt die Augen, schüttelt den Kopf.

Das Problem: sie möchte zu mir, ich möchte zu ihr, wir haben unsre Augen aufeinander geworfen bei meinem langen vorjährigen Staatsbesuch. Aber wie soll man sie aus der Festung entführen, darin sie schmachtet? Der Garten ist voller Fußangeln, die Wächter schießen ohne Anruf und Unterschied auf Mensch und Tier, mit vergifteten

Pfeilen. Sinistre Bluthunde harren mit schaumig gefletschtem Zahnwerk.

Aber du, Kasim, du bist ein listenreiches feines Kerlchen, zu allem entschlossen – warum gehst nicht du nach Kipungani und rettest mir Badi'at, die Braut, bringst sie her zu mir, ihrem greisen, doch lüsternen Bräutigam?

Nimm unsre kluge Upupa mit auf den Weg. Sobald du mein Judenmädchen befreit hast, schickst du mir den Vogel mit der beglückenden Meldung, und ich ordne sogleich den Einstieg zu unsren nuptialen Festlichkeiten an. Sollte deine Skorribande hingegen misslingen ...

AL KASIM *(unterbricht)*: Pardon, aber „misslingen", das ist ja ein Ding, das nimmer und nimmer geschehen kann, Majestät. Seid unbesorgt: indem ich Eure schöne Jungfrau aus dem finsteren Verlies erlöse, darin sie schmachtet, rette ich Vater aus den Kavernen seines egozentrisch trostlosen Denkens, o ja! – und müsste ich tausendmal dafür sterben!

Allgemeine Bestürzung

MALIK: Junger Freund, alle guten Geister der Sohnesliebe, der Kriegslist und des Heldenmutes sollen bei dir bleiben! Wir beten (auch für den Vater), wir wünschen viel Glück.

Man bringt Reiseproviant und füllt Al Kasims Rucksack damit. Man badet und salbt ihn. Währenddessen singen Malik und die Gärtner und Höflinge.

Nimm dich in Acht vor den Fußangeln der Seele und vor den Bestien der Gefahr dunklerer Lüste

und vor Gespenstern, Nudisten, vor wilden Trollen
und Trappisten sei auf der Hut
Nimm dich in Acht vor den triftigen Wendungen
Sei auf der Hut, Kasim, vor der Arglist der Menschen, hab Acht!

♫ Zwischenmusik
Nachspiel:
Adieu

5. Tableau

Ein Konflikt

*Es ist wieder Morgen. Al Kasim, frisch rasiert und
reisefertig, trifft seinen stinkenden und unrasierten
Dämon am Rand der Landstraße. Die beiden wünschen einander wortkarg die Tageszeit und machen
sich auf den Weg, schweigend; man hört nur die rüs-
tigen Schritte Al Kasims und hinter ihm das müde
Schlurfen des Dämons, der in der Linken den Käfig
mit der Upupa trägt und mit der Rechten einen
schwarzen Sonnenschirm über Al Kasim hält.
Schließlich:*

DÄMON: Es ist mir unangenehm, aber es ist die Wahrheit: Ich schäme mich.

AL KASIM: Schon gut, Alterchen. Aber wie kommen
wir nun nach Kipungani?

DÄMON: Wir gehen doch gar nicht nach Kipungani.

AL KASIM: Was soll das heißen?

DÄMON: Das soll heißen: dass ich dich nach Hause fliege, es ist höchste Zeit. Vergessen wir das Judenmädchen.

AL KASIM: Bist du verrückt?

DÄMON: Ich mag nicht mehr nächtelang auf kaltem Erdboden liegen, und draußen fällt Schnee, das ist nichts für einen Dämon meiner raffinierteren Art. Ich will nicht mehr schmachvoll durch die Welt vagabundieren mit einem wie dir, der so unstet ist und verwegen. Und dann alleweil diese unerklärlichen Wendungen: Die Raubtiere der Lüste melden sich zu Wort – und du bist schrecklich unvorsichtig!

AL KASIM *(schreit)*: Ich will nach Kipungani! Es geht um meinen Vater! Es geht ums Leben! Lass mich aufsitzen – wir wollen bitte unverzüglich nach Kipungani fliegen! *(Er schüttelt den Dämon an den Schultern.)* Bist du nun ein Engel oder bist du es nicht? Liebst du mich denn nicht mehr? *(Er weint.)*

DÄMON: Kasim, o weh. Kasim, guter Freund, Kasim, bitte sei still und halt ein! Aber dann, wenn wir die Jüdin haben, wirst du dann Ruhe geben?

AL KASIM: Ruhe geben? Das ist doch ein Ding, das bekanntlich nie und nimmer geschehen kann! Das weißt du doch!

DÄMON *(während Al Kasim aufsitzt)*: Es muss aber Ruhe sein. Schau her, meine Flügel: schon ganz zerknickt, zerknirscht und versengt! Sobald wir

das Mädchen nach Pate gebracht haben, trag ich
dich hin zum Großen Tor und sage Adieu.

AL KASIM *(unterbricht)*: Unsinn! Was redest du denn
da!? Die Reise hört doch niemals auf! Sie geht
nicht nach Pate, sie geht nach Kipungani! Hopp-
la hü! Ich will fahren! Beeile dich, Dämon!

BEIDE: Und du, alter Mond, leuchte uns, leuchte!

Sie fliegen davon.

6. Tableau

Kipungani

*Kipungani. Nacht, schönes Mondlicht. Der Garten
Dijabs, des großen Tyrannen.
Al Kasim und sein Dämon treten auf, schleichend, sie
verständigen sich flüsternd und durch Zeichen.*

AL KASIM *(zum Dämon)*: Du hältst dich am besten in
einiger Entfernung auf – könntest ja sonst wieder aus der Rolle fahren und Lärm machen und
alles durcheinander bringen so wie neulich.

DÄMON *(gekränkt)*: Jeder kann mal Pech haben, in der
Liebe wie im praktischen Leben – das wirst du
schon noch bemerken, kurz über lang. Nun, geh
schon weiter! Ich bleibe hier, Wache schieben.

*Eine Nachtmusik von Vogelstimmen, Fröschen
und Zikaden setzt ein. Al Kasim betritt den Garten,
auf Zehenspitzen. Der Dämon setzt sich auf eine
Mauer (oder vielleicht auf den Ast eines Feigenbau-
mes) und beobachtet die Szene.
Der Käfig steht neben ihm.
Stimmen von Blumen.
Al Kasim findet Badi'at schlafend auf einer Gartenbank. Lange betrachtet er die junge Dame.*

202

AL KASIM: Wie schön sie ist, Badi'at el-Hosn wal Dschamal! Ihre halb geschlossenen Augenlider geben den Blick frei auf den Widerschein des Halbmonds über flutendem Meer. Maulbeerblüten kränzen ihr zinnoberrotes Haar, ihre Füße gleichen einander, der Busen ist zart und wundersam, ihr Lächeln trägt mir die kühle Morgenluft zu – Oh wie gern würde ich sie küssen, bevor noch die Sonne aufgeht ...

BADI'AT *(erwachend)*: Kasim! Wohlan, Kasim!

AL KASIM: Wohlan, Badi'at!

*Im nun folgenden Duett hören wir von Zeit zu Zeit
die kurzen oder lang gezogenen Warnrufe des
Dämons.*

DÄMON: Habt Acht, ihr Menschenkinder, habet Acht, bald schlägt die finstre Mitternacht! Ganz leicht ist's vollbracht, ein Dämon wacht, habt nur gut Acht!

♫ Duett

AL KASIM:	BADI'AT:
Wie schön du bist!	Wie schön du bist!
Deine Zähne leuchten	Deine Lippen regen sich
Dein Mund ist wie eine	Als ob du etwas fragen möchtest
Kirschblüte bei Nacht	
Ich möchte dich etwas fragen,	Deine Brauen verraten Unruhe
aber ich finde nicht die	Sie tanzen, es muss was
passenden Worte.	Schwieriges sein.
Als du noch	
schliefst, war alles leichter,	Aber ich erahne schon, was es ist.
aber nun weiß ich nicht,	Es schwanet mir: Armer
wie es weiter geht.	Kasim, er tut sich schwer,
Wie fange ich es an, dass nichts	aber er gefällt mir, er ist
Tollpatschiges vorfällt.	wie ein Bergbauernkind, seine
Ich nehme deine schwanenweißen	Hände ungehobelt wie Jung-

Hände in die meinen, sieh,
wie sie ganz darin verschwinden
und fühle, wie sie ein wenig beben.
Und es dreht sich mir alles im Kopfe
und schwanet mir ein Etwas.
O Badi'at, ich bin wohl
im Begriff, alle Warnungen in den
Wind zu schlagen und dich
in die Arme zu schließen wie
Vaters Stallburschen
die Bauerndirnen – so wie ich
es dazumal gesehen
und gelernt habe.
(Er umarmt sie unbeholfen.)
Badi'at
Badi'at
Badi'at

Wohlan, Badi'at!
Badi'at! Wohlan!
Badi'at!

*(Er küsst sie, versucht sie
zum Schweigen zu bringen.)*
Badi'at, sei still! Badi'at, sei still!

Bärentatzen, er duftet nach
Treuherzigkeit, nach Zedernholz
und Ginsterblüte.
Er ist unruhig geworden,
was hat er nur?
Er zittert und bebt, wie
ein Seminarist oder ein Kind
bei der ersten oder letzten
Prüfung.
Meiner angeborenen weiblichen
Eleganz zuliebe muss ich
mich in Acht nehmen, denn
er ist stark und ungeschickt.
Vorsicht, Kasim! Brich mir
nicht die Knochen – und sei
leise. Ei, Kasim, du erwärmst
mein Herz, du bist der Erste,
du bist mir der Richtige, bist
der, auf den ich gewartet
habe,
o Kasim, komm zu mir,
aber brich mir nichts!
Ah!
*(Sie schreit, sie zappelt und
schreit, schlägt Lärm.)*
Hilfe! Hilfe! Hilfe! Hilfe!

DÄMON *(gleichzeitig)*: Hilfe! Hilfe! Hilfe! Hilfe!

*Mit Fackeln, Windlichtern und Laternen treten eilig
Höflinge auf, dann auch die baumlangen nubischen
Soldaten und schließlich Dijab der Tyrann, furchter-
weckend aussehend, aber dann eben doch eher ein
freundlicher, milder alter Herr.*

DÄMON: Ich sagte es doch, ich wusste es ja! Alles war
umsonst!

*Versucht, davonzulaufen, wird aber arretiert und
gefesselt. Al Kasim und Badi'at werden ebenfalls ge-
bunden. Dijab wendet sich fragend an Badi'at.*

BADI'AT: Herr, ich bin zwar Verbrecherin, ich wollte (mit meinem Freund Kasim zusammen) deiner Macht entfliehn. Allein, die Schuld liegt ganz bei mir: Der böse Undank verdunkelte mir die Stirn, aber seht Ihr nicht auch, wie der Morgenstern der ersten Liebe blässlich im Hintergrunde funkelt? Oberhalb des Nasenbügels, hier, wenn ich bitten darf.

DIJAB: Wahrhaftig! ich seh es, wie erstaunlich. Denn es ist ja Liebe ohne Hoffnung, geschweige denn Zukunft. Dein Bauerntölpel ist des Todes: Kindsraub, nächtliche Ruhestörung mit Vergewaltigung, Hausfriedensbruch, was wollen wir mehr. Heute Morgen noch wird man diese beiden, den Täter und seinen hässlichen Komplizen, öffentlich martern, mit siebenschwänzigen Ruten, und dann aufknüpfen auf der Schädelstätte draußen vor der Stadt, den Aasgeiern ein opulentes Festmahl (*lacht diabolisch*).

Allgemeine Rufe der Bestürzung und des Bedauerns (Schmerz, Leid, Blut, Tod)

BADI'AT: Was sagt ihr da, Herr? Ich verstehe – o nein! Tötet lieber mich – das wäre doch viel besser als die Vernichtung einer so edlen Natur wie der des höchst akkreditierten Prinzen Kasim! Es ist ja doch, wie gesagt, alles meine Schuld. Lasst ihn leben, und ich will Euch dienen für alle Zeit, ganz so, wie es Euch noch immer gefiel mit mir: als Mätresse, als Mesalliance, als mystische Meeresmaid – alles ist denkbar – aber nur, wenn Kasim und sein ständiger Begleiter am Leben bleiben können. Ich bin Eurer nicht würdig, Durchlaucht, aber

Kasim – Durchlaucht, bitte geben Sie Kasim und mir das Jawort, bitte lassen Sie uns die alten Ran- künen vergessen – Sie sehen ja, ich liebe Kasim bis zum letzten Atemzug, da helfen keine Marter- pfähle. Es wäre doch einfach sinn- und aussichts- los und dazu auch noch unnatürlich, sich den gro- ßen, von Eros und Psyche belebten Strömungen zu widersetzen. *(Sie wirft sich Dijab zu Füßen.)*

DIJAB: Was tut sie da? Was ist mit dem Weibsbild?

BADI'AT: Tyrann! Schaun Sie, mein Freund Kasim hat ein großes Herz (und das ist wohl das Wich- tigste und Gemütlichste an ihm), ein Herz, das bei tieferem Durchatmen alle Glocken in der Nachbarschaft zum Schlagen bringt, hört nur, Durchlaucht! Oh! Durchlaucht waren immer so gütig zu mir.

Man hört die Glocken, dazu ein kleines chorales Vo- kalistenensemble:

Sein schöner Herzschlag, fühlt ihr, wie es tönt und erzittert!

DIJAB: Aber nicht doch. *(Er hilft Badi'at auf.)* Es war ja doch alles schon im Voraus gewusst und ver- ziehen, was dich betrifft, ma petite. Dein prinzli- cher Strauchdieb aber und sein Kumpan, nun ja! Sie sollen halt leben und davonziehen, und zwar mit dir, bitte sehr, ich erlaube, ich wünsche es.

♫ Arie

Glanz erfülle mein Land, es ist ein ruhmreicher Flecken, weil man hier die Rache nicht kennt und weil es uns wohl ansteht, im Glück der anderen Menschen das eigene zu finden.

HÖFLINGE: Lang lebe Dijab, unser Herr!

Handküsse, gestische Ergebenheitskundgebungen

BADI'AT, AL KASIM UND DER DÄMON: Wir danken dem ruhmreichen Tyrannen und schwören, ihn auf ewig für seine weltbekannte Großherzigkeit zu preisen!

♫ Rezitativ

DIJAB: Es ist mir allerdings der Gedanke gekommen, Ihr Lieben, Euch um ein kleines Abschiedsgeschenk zu bitten. Könntet Ihr nicht auf dem Heimweg einen kleinen Exkurs nach dem Fürstentum Matandoni wagen?

BADI'AT, AL KASIM UND DER DÄMON: Aber ja doch, um Gottes willen – mit Vergnügen.

DIJAB: Auf diesem schönen, von Königspalmen und ungezähmten Löwen bewohnten Eiland herrscht ein brutaler Diktator, blutrünstig, und scheußlich anzusehen. Fürchterlich! Andauernd entweichen Pestgestankdämpfe dem feurigen Großmaul. Er bewacht mit List und Gewalt einen Gegenstand, der ihm nicht gehört – er ist geraubt oder in einem Feldzug erobert worden (was ja auf das Gleiche herauskommt) – es handelt sich da um eine große Holzkiste.
Denn alle Welt ist sich darüber einig, dass sie einen wertvollen Besitz beinhalten muss. Vielleicht einen Harem? Oder eine neue Musik? Giftschlangen

oder Alchimisten, womöglich Goldmacher? Sieben arabische Hengste? Ja, das möchte, das muss ich herausfinden, das ist halt eine Leidenschaft! Bringt mir also diese Kiste, koste es, was es wolle (notfalls auch euer Leben natürlich), denn die Kiste ist ein Pfand eurer Liebe und meines Großmuts.

Allen guten Menschen ein Wohlgefallen! Apropos: Man kann die Schachtel nur öffnen, wenn man das Passwort kennt: „Habari mzuri", und wenn man den Inhalt in die Kiste zurückgeben und den Deckel schließen will, verwendet man die Zauberformel: „Schoulim schoulim!" Ohne Kenntnis dieser Formeln ist man verloren.

Der Diktator von Matandoni ist ein schnöder Bursche: Wer immer ihm sein Diebesgut entführt, tut Gutes und schwingt sich zu höheren Graden der Ethik empor. Wer immer es sei, der ohne Einreisepapiere in die palmenwedelnde Wildnis Matandoniens eindringt, riskiert nicht Löwenmaul allein und krude Marterpein, o nein, er mag vielmehr auch lebend begraben sein.

Ihr aber, alle drei, wenn ihr frei und glücklich werden wollt, müsst es eben wagen, allen Widerständen zum Trotz. Ziehet also mit Gott und merkt euch die Passwörter!

Die drei sprechen die Passwörter vor:

„Habari mzuri, schoulim schoulim."

DIJAB: Und falls, trotz aller Vorsicht, etwas missglücken sollte, irgendein Missgeschick ...

DÄMON, BADI'AT UND AL KASIM: Das wäre wieder so ein Ding, das nimmer und nimmer geschehen darf und kann!

208

Die Freunde machen sich auf die Reise.

CHOR UND DIJAB *(ihnen nachrufend)*: Adieu, adieu!

7. TABLEAU

Der Alte (II)

Instrumentales Vorspiel: Verwandlung

Al Radschi el-Din, Großwesir von Manda, der alte Mann auf dem Turm, erleidet gerade einen neuen Angsttraum.

DER ALTE MANN: Was geht hier vor? Scharfe Mordwaffen werden gespitzt, ein Schleifstein sirrt. Sind meine Kinder zu Heuchlern, Spitzbuben und Lumpengesindel verkommen? Da läuft Kasim, außer Atem, es geht um unser Leben. Kasim ist rein und klar. Goldgefiederte Todesboten, rettende Engel durchstoßen die Gewitterwolken der Angst. Es ist kalt. Die bösen Gedanken sind wiedergekommen: wie Steinwürfe schlagen meine Untaten gegen die reuevollen Schläfen. Das ist die Sühne für Achtlosigkeit, die sündige Schwester der Eigensucht, für Versäumnis und Gleichgültigkeit.
Eine Frau zum Weinen zu bringen! Gott straft. Nun sind die Kinder in großer Not: Ich selbst habe sie bitterlich und hagestolz ins Verderben gestoßen, nur um meinen Abschied von der Welt

um ein paar Stunden zu vertagen, nur um noch einmal den Wiedehopf zu sehn! *(Er erwacht, weinend.)* Mir ist kalt. Wo bist du, liebe Upupa, mein Abend- und Nachtlicht?

♫ Instrumentale Überleitung zum 8. Tableau

8. TABLEAU

Ein Raubzug

Auf einem unbewaldeten Hügel. Es ist Morgen. Der Dämon, schwer zugerichtet, blutend an Leib und Seele, wird gerade von Badi'at und Al Kasim gewaschen und verbunden. Er sitzt auf der Kiste, die er auf Matandoni gestohlen hat. Sie ist schwarz lackiert und mit silbernen Borten und Griffen beschlagen.

DÄMON (*etwas protzig, konsensheischend, applaussüchtig, erzählt seine Abenteuer, die ärztliche Behandlung zuweilen mit kleinen Schmerzschreien unterbrechend*): ... plötzlich verschwindet das Mondlicht. Ich – mit großen Sprüngen weiter ran an das Pfandhaus, durchs Fenster die Kiste erspäht. Au! Gewartet. Leise tief durchgeatmet. Die Wächter schlafen, diabolisch-dämonisch eingelullt von meinem duftigen Kif. Ich: sanftes Eindrücken des Fensters, lautloser Einstieg, Kiste auf den Buckel, ins Freie gestemmt: Die Wächter schnarchen. Au!

BADI'AT *(ihm Balsam in eine Wunde streichend)*: Und dann …

DÄMON: … machte ich mich auf Zehenspitzen, pole pole …

AL KASIM: … und der Mond, der kam zurück …

DÄMON: Auweia! und sein leuchtendes Licht und der betäubende Jasmingeruch brachten mich leider …

BADI'AT: … zum Niesen, alter Dämon, nicht wahr?

DÄMON: Zum Niesen, zum Husten, ganz klar. Zu einem erneuerten Lustschrei der Natur. Und abermals krähete der Hahn.

AL KASIM *(etwas bösartig)*: … und da kam vermutlich auch schon gleich die Schutzmacht gerannt.

DÄMON: Na klar doch, im Handumdrehn war die da. Mit bissigen Kötern und Handschellen gar, und Fußtritte gabs und Schläge mit Knüppeln.

BADI'AT UND AL KASIM: Entsetzlich! Und dann?

DÄMON: Bastonaden, da, schauts Euch die Fußsohlen an.

BADI'AT UND AL KASIM: Armselger Dämon – und was geschah dir dann?

♫ Cabaletta

DÄMON: Mitten auf dem Marktplatz steckten sie mich in einen Bambuskäfig von schmachvollen Proportionen. Rotznäsige Kinder kamen herbei und stachen auf den Hockenden ein, mit Gabelspitzen, Zahnstochern – Au! – grässlich stinkigen Kinderfingern – den ganzen Tag hindurch besudelten sie meinen Aufenthaltsort unter der prallenden Sonne, die ein Loch in mein Schädeldach brannte an seiner schwächlichsten Stelle.

AL KASIM: Ein Glück, dass ich dich nicht ganz kahl geschoren habe, damals.

DÄMON: Ja, sei bedankt! Und was für ein Glück, dass der grausame Herr von Matandoni gerade auf Jagd war, Nachtigallen schießen und den heiligen Uhu, nicht weit von hier. So hatte er keine Zeit, über meine Todesart nachzudenken. Es musste ja etwas Besonderes – aua, aua, langsam, Badi'at –, etwas Außerordentliches sein, was der Schwere meines Verbrechens Rechnung hätte tragen können.
Kopfzerbrechen. Ich verstand kein Wort, man sprach matandonisch. Aber mein Herz schlug laut wie die Trommel der Nacht, es schrie nach euch, Badi'at und Kasim, dass Ihr kämet, mich retten von der Wassernot und vor dem Flammentod, ach, und vor dem Schimmelbrot, vor dem Feuerrot aus dem Ofenschlot, vor dem Sapperlot ...

Hierzu kleine Zwischenrufe von Badi'at und Al Kasim

O ja! O nein! O weh! Grausig schimmeliges Brot, o weh! Wie furchtbar! Grausig! Und wie entsetzlich und schrecklich, Teufel noch eins!

Von hier ab hören wir, erst von fern, dann graduell sich nähernd, Schüsse aus der Vogelbüchse des Diktators. Bei jeder Explosion zucken die drei zusammen (von Mal zu Mal heftiger).

♬ Terzett

DÄMON: Ja, und da kamet ihr lieben Freunde, im schummrigen Abendlicht hereingeschneit mit euren Brecheisen, Drahtscheren, Messern, Pistolen, wie deutsche Touristen pedantisch, nicht den leisesten Argwohn unterm Herzen tragend ...

ALLE DREI: Und es gelang! (Ihr holtet mich raus.) Wir holten dich raus und trugen dich Armen schon halbtot nach Haus.

Hier enden die medizinischen Anwendungen.

AL KASIM: Auf, auf, mein Freund, der Marsch beginnt. Und was die Sage neu ersinnt, das wird man erst am Schluss erfahren. Lasst uns nun laufen, denn der Vater wartet – die Zeit der Muße, die ist vorbei.

Der lauteste und letzte Schuss. Die kleine Karawane setzt sich fluchtartig in Bewegung. Der Dämon hält einen Sonnenschirm über Badi'at, mit dem anderen Arm schultert er die Kiste. Die Dame hält einen Sonnenschirm über Kasim, der den Käfig trägt, über den er seinerseits vielleicht auch einen kleinen Sonnenschirm hält.

9. TABLEAU

Ein Wiedersehen

(a)
Beim Großen Tor. Heller Tag.
Adschib und Gharib sitzen im Schatten am Brunnen-

*rand und vertreiben sich wie immer die Zeit mit dem
Kartenspiel.*

ADSCHIB: Trumpf! Karo-Ass! – Du bist geliefert.

GHARIB: Pik-Dame, Joker Poker, du kannst einpacken.

ADSCHIB: Mischen! Neu mischen!

GHARIB: Immerzu verliert Gharib, zerstreut, denkt
an ferne Abenteuer und Paradiese.

ADSCHIB: Ist nur nicht schlau genug fürs Kartenspiel,
das ists. Er vergisst die Bedeutung der Zahlen
und der Bilder.

GHARIB: He! Schau einmal dort: Eine Gruppe von
drei ständig größer werdenden Personen scheint
sich vom Nordwesten her zu nähern, graurosa
Staubwolken vor sich her treibend.

ADSCHIB: Weg mit den Karten, dem Schnaps und
dem Bhang! Eine der drei schnell sich nähernden
Personen ist nämlich niemand Geringeres als unser Bruder Kasim, der Streber!

GHARIB (*angewidert*): O Gott!

Ein Donnerschlag im Fortissimo

ADSCHIB: Wir wollen ihm entgegengehn und ihn an-
gemessen begrüßen.

Sie tun es.

BEIDE: Kasim, lieber Bruder, endlich zurück – was
für ein erhebender Augenblick!

Umarmungen

ADSCHIB UND GHARIB: Lass dich anschaun.

AL KASIM: Ihr seht beide gesund aus, unverletzt. Dabei habt ihr doch sicherlich viel Schweres durchgestanden, ihr Armen.

ADSCHIB UND GHARIB: O ja, es war nicht immer leicht. Aber auch dir scheint es einigermaßen zu gehen. Und den goldenen Vogel für den Vater hast du gefangen, das ist fein! Bist doch ein Held, wir sind stolz. Kasim, bravo, bravo! Aber nun sag, wer ist der Verwundete dort, mit dem Kasten auf dem Buckel?

AL KASIM: Ach wisst ihr, das ist eigentlich nur der Träger, ein guter Kerl, aber sein Name tut nichts zur Sache. Der Kasten ist schwer, aber niemand kennt seinen Inhalt. Man darf und kann und muss sich auf Überraschungen gefasst machen. Wir haben ihn als Geschenk für unseren Vater gedacht, und nicht, wie früher mal beabsichtigt, für den netten alten Herrn von Kipungani.

ADSCHIB UND GHARIB: Und die junge Dame da an deinem Arm – ist die auch namenlos?

AL KASIM: Oh, entschuldigt. Das ist die Prinzessin Badi'at, meine liebste Freundin und Braut. Sie kommt von weit her, aus dem Judenland.

ADSCHIB UND GHARIB *(verneigen sich)*: Willkommen bei uns am Großen Tor, schöne Dame.

Badi'at knickst. Stummer Austausch von Höflichkeiten zwischen ihr, Adschib und Gharib.

(b)
Abschiednehmen

DÄMON: Lieber Kasim, alter Freund, es ist Zeit. Nimm meine Hand – ich muss zurück auf unsren kahlen Berg, die Hühner füttern und die Wiesen sensen, die Schafe waschen. Dies ist das Ende unserer Reise: Weiter als zum Großen Tor darf ich dich nicht begleiten, so steht es nun einmal auf Gesetztafeln und Firmament festgeschrieben. Leb wohl, mein Kasim, lebe wohl.

AL KASIM *(gleichzeitig)*: Es war gut mit dir. Auch wenn wir oftmals nicht einig waren miteinander, warst du doch wie ein Engel. Ohne dich, was für ein Leben wäre das gewesen, was für ein Leben wird es sein – werde ich dich denn jemals wiedersehen?

DÄMON: Weißt du noch die Passwörter für die Wunderkiste? Vergiss sie nicht.

AL KASIM: O nein! Das erste lautet „habari mzuri".

BADI'AT: Nicht so laut, Liebster – vergiss nicht, dass es ein Geheimnis ist.

ADSCHIB UND GHARIB *(flüsternd)*: Habari mzuri, habari mzuri.

Al Kasim umarmt seinen Dämon. Letzterer küsst Badi'at dreimal auf die Wangen, winkt den Brüdern einen Abschiedsgruß zu und geht seines Weges, ohne sich noch einmal umzuwenden.

♬ Rezitativ

AL KASIM: Liebe Brüder, bevor wir nun die Kamele satteln und gemeinsam den Weg zum Vaterhaus einschlagen, möchten meine Braut und ich euch

216

höflichst bitten, uns mit einem Tropfen frischen Trinkwassers zu erheitern.

♫ Quartett

ADSCHIB UND GHARIB: Eigentlich sehr gern, aber es ist ja doch kein Wasser da.

AL KASIM UND BADI'AT: Wie schade! Dabei sind wir mindestens so durstig wie die Kamele! (*lachen*)

ADSCHIB UND GHARIB: Könnt sein, dass tief unten im Brunnenschacht noch ein Tröpfchen zu finden wär.

GHARIB: Aber ich kann nicht klettern: mein linker Arm wurde durch einen Messerstich gelähmt.

ADSCHIB: Ich auch nicht: denn im Feuerbrand verdorrte mir die rechte Hand.

ADSCHIB UND GHARIB: Auch uns täte Erfrischung wohl.

AL KASIM: Dann werd ich einmal selbst ganz flink in diesen Abgrund niedersteigen.

ADSCHIB UND GHARIB: An diesem Seil hier halt dich fest, so lassen wir dich gleich hinab.

Al Kasim nimmt einen Krug und verschwindet im Brunnen.

ADSCHIB UND GHARIB: Dies ist ein tiefes kühles Grab.

Sie durchschneiden das Seil. Man hört einen Aufprall und wie der Krug zerbricht.

217

BADI'AT *(mit einem Aufschrei)*: Was habt ihr getan?
Was habt ihr gemacht? Den Liebsten gestürzt
mir in finstere Nacht?

ADSCHIB UND GHARIB: Hör auf zu schreien, hör auf zu
maulen, sonst fliegst du selbst noch hinterdrein.

BADI'AT: Ich will bei meinem Liebsten sein!

ADSCHIB: Ganz recht so. Spring ihm einfach nach.

Sie tut es.

GHARIB: So endet schnödes Ungemach.

BEIDE *(zum Publikum, belehrend)*: Nur, wer sich
wegschmeißt, gewinnt das Leben. *(Gelächter)*
(durcheinander) Müssen uns sputen. Hast du
das Kartenspiel? Den Käfig, den Sonnenschirm?
Die Kiste ist schwer, doch sie muss trotzdem
mit. *(Beide nehmen je einen kräftigen Schluck
aus ihrem Wasserbeutel.)* Nun wollen wir nach
Manda eilen, dem Vater alles mitzuteilen. Der
Stunde Gunst ist sonderbar: macht alles anders,
als es war.

*Sie machen sich davon, die Kiste an den Griffen
haltend. Sie wird immer schwerer, während sie
davonziehen.*

♫ Orchester: langsamer Marsch.

(c)
In der Tiefe
Al Kasim und Badi'at im Brunnen

♫ Duett

BADI'AT: Welch ein Glück, dass du mich aufgefangen! Ich bin ganz heil und unverletzt geblieben. Und du, Kasim, mein Bräutigam, bist du noch ganz? Fließt da kein Blut? Liebst du mich noch?

AL KASIM: Sei unbesorgt, Badi'at, mein Leben. Ich bin ganz heil und unverletzt und halt dich stolz bewegt im Arm.

BEIDE: Es schmerzt uns nichts, wir sind noch heil und ganz und gar verliebt in uns.

AL KASIM: Mein schönes Mädchen, zart und leicht, hast keine Angst in diesem dunklen Schlund?

BADI'AT: Ich könnte sterben, klaglos, wund, vor Hunger, Frost und Liebespein, bliebst du nur bei mir, lässt mich nicht allein.

AL KASIM: Niemals und nimmermehr ließ ich dich allein, Badi'at, mein Kleinod, schönste Braut. Ob Schnee, ob Sandsturm, Fieberwahn, ich halt dich fest an mich geschlungen, bis wir vergehn, bis das Ende kommt, so gut wie tot sind und schon ganz abgetan.

BEIDE: Ich streich das Haar dir aus der Stirne, in deinen Augen les ich mein Verlangen, mein Herzschlag dröhnt an deiner Brust, laut an deiner Brust und meldet, dass wir froh und glücklich sind, trotz Moderduft und Angst, Tarantelstich und Todeslust.

(d)
Die Rettung
*Frühe Morgendämmerung. Der Dämon erscheint
oben am Brunnenrand.*

DÄMON *(zum Publikum)*: Wusst ichs doch nicht: ich hörte Kasims Stimme verzweifelt gegen mein Ohrenfell trommeln, Klagerufe, ein Wimmern auch. Höchst alarmiert flieg ich zurück zum Großen Tor: Mein liebstes Sorgenkind liegt dort in Todesbanden. Auch Badi'ats, der Braut Geschrei erschreckt mein Herz. *(Er schaut in den Brunnen hinab.)* Barmherzige Mutter der Götter! Da liegen sie im tiefen Loch – der Brüder Hass hat sie hineingestoßen! Kein Wolf, kein Tiger, keine Viper kennt Arglist und Trug, wie das in Menschenherzen brennt. *(Er ruft in den Brunnen hinab.)* Heda! Wer oder was wimmert im Brunnen?

AL KASIM UND BADI'AT: O lieber Engel, zieh uns hinauf!

DÄMON: Geduld, gute Kinder, gleich geht es an. Getraut ihr euch, hilfsbedürftige Wesen, wohl ein Seil zu ergreifen, einen unzerreißbaren ägyptischen Papyrusstrick, und euch damit zu umwinden, dass ich euch aufzieh aus der Hölle Schlund?

Der Dämon lässt das Seil herab, dreht vielleicht an der Winde – alsbald erscheinen Al Kasim und Badi'at auf der Oberfläche, verdreckt und ramponiert, aber vor Glück strahlend. Der Dämon schüttelt sie an den Händen.

DÄMON: Was für ein Spaß, dass ich euch wiederseh, die liebsten Menschenkinder eurer Welt! Badi'at, Kasim, schaut her, wie dieser Tränenstrom sich plätschernd auf den nackten Sand ergießt und wie das Bächlein dann im Tageslicht zerrinnt!

BADI'AT: Doch wo, Herr Dämon, mag nun wohl die große Kiste sein?

AL KASIM: Wo ist der Vogel hin, der einzig nur der langen Wallfahrt Sinngehalt bekundet?

DÄMON: Als ich gelandet bin, war alles fort.

ALLE DREI: Das Brüderpaar der Neider ist verschwunden, ist unterwegs, um die Beute zu verhökern. Dem Vater werden Falsches sie berichten. – Wir müssen unbedingt sogleich nach Manda eilen.

AL KASIM: Geliebter Dämon, engelhafter Freund, wir danken dir aus tiefster Not und höchstem Glück!

BADI'AT: Und auch aus höchster Not und tiefstem Glück!

BEIDE: Wie können wir dir Dank erweisen?

AL KASIM: Kann man dir einen Wunsch erfüllen?

(e)
Der Apfel

DÄMON: Ja, da ist etwas, das mein Herz bewegt: Ich wollte dich doch schon immer gebeten haben, mir etwas von den roten Äpfeln zu erzählen, die es dort bei euch in Manda hat. Vermutungen und Sagen gehen um, es muss was Besonderes auf sich haben mit dieser Frucht. In meinen Landen gibt es das nicht, der Boden zu karg, die Sonne zu arg, der Winter ist allzu hart.

AL KASIM: Der abendländische Apfel wird bei uns als Lebensbaum gefeiert und verehrt. Im Frühjahr sind die Wiesen auf beiden Feldwegseiten voll mit blühenden Bäumen: ein zartes heiliges

Weiß, unter dem ein purpurnes Licht hervorschimmert. Spielerisch treibt der Wind den zarten Duft von Weihrauch und Honig über das
Blütenmeer hinweg.

Dämon: Das muss wunderbar aussehn!

Al Kasim: In den kühlen Nächten der Herbstzeit,
wenn die Blätter sich verfärben und das Sonnenlicht immer goldener wird, reift die Apfelfrucht
heran in ihrer stärker errötenden Schale.

Dämon: Wenn man hineinbeißt, was geschieht?

Al Kasim: Man wird von heitrer Lebenslust erfrischt,
man spüret ...

Badi'at: ... dies ist die ewige Fruchtbarkeit.

Al Kasim und Badi'at: Das Weise erkennen, Liebe
und Freude.

Al Kasim: Die Rundungen der Apfelfrüchte lassen
uns an Einheit, ans Ganze, an Vollkommenheit
denken.

Dämon: Ach, das muss sehr anregend sein! Könntest
du mir denn nicht einmal so einen Apfel schenken? Zum Abschied, meine ich, damit ich etwas
hab von dir, das ich berühren und verspeisen
kann, wenn ihr einst verschwunden seid ins ferne Land.

Al Kasim: Sobald Badi'at und ich in Manda nach dem
Rechten gesehn haben und unsere Hochzeitsvor-
bereitungen getroffen wurden, werde ich aufs
Neue hierher zum Großen Tor reiten. Dann werde ich dich rufen, du wirst herbeifliegen mit wind-
durchschneidendem Flügelschlag, und ich werde

dir einen frischen roten Manda-Apfel vom Baum des Lebens überreichen – damit du immer an mich denken kannst in aller Zukunft, in der Ewigkeit.

DÄMON: Vergesst mich nicht, ihr beiden.

BADI'AT UND AL KASIM: Vergessen? Das ist ein Ding …

ALLE DREI: … das nimmer und nimmer geschehen kann!

Sie lachen, fassen sich an den Händen und tanzen im Kreis.

♫ Verwandlung

10. TABLEAU

Die Zauberkiste, ein Ballett

(a)
Auf Manda, Insel der schwarzen Paviane. Ein großer Empfangssaal im Palais Al Radschi el-Dins. Der alte Mann, Gharib, Adschib, Höflinge.

DER ALTE MANN: Tot, sagt ihr? Kasim tot?

ADSCHIB UND GHARIB: Ehrwürdiger Vater, so ist es, wir sahn ihn fallen, heldisch, im Zweikampf mit einem grauenvollen Untier, blutrünstig, pestilent, hohnlachend aus einem Maule voller Gift und Hölle, das unser armes Bruderherz verschlang … Wir selbst …

DER ALTE MANN *(zerreist seine Kleider, schreit)*: Welch grausame Strafe haben die Götter da ausgedacht für meinen schweren Traum von der Ewigkeit! *(fällt in Ohnmacht)*

DIE HÖFLINGE (das Vokalensemble): Ahi! dolor, terrore, clamor! Exzellenz, erheitert Euch!

ADSCHIB UND GHARIB: Wacht auf! Vaterherz! Exzellenz! Erheitert Euch! Schauts her, wir bringen Euch ja nun doch immerhin auch den erwünschten Glücksvogel her!

DER ALTE MANN *(erwacht, reibt sich die Augen)*: Meine Upupa! Wie und wo habt ihr sie gefunden?

ADSCHIB UND GHARIB: Nachdem wir Kasim bestattet, in einen tiefen Schacht gebettet und mit Steinbrocken beschwert, haben wir seine Aufgabe übernommen, o holdseliger Vater, und sind an Kasims Statt nach Pate gewandert, und hier bringen wir dir die kostbare Beute, die wir mit Stolz und unter zahlreichen Entbehrungen, Gefahren und Schmerzen für Euch dem uralten König Malik entwendet haben. *(Sie überreichen dem Vater den Käfig mit dem goldenen Wiedehopf.)* Möge sie Euch die Freuden wiederbringen, denen Ihr so lange Zeit nachweinetet!

Der Alte öffnet den Käfig, die Upupa fliegt davon, nachdem sie einmal über den Saal gekreist ist. Der Alte klatscht vor Freude in die Hände, die erstaunten Höflinge tun es ihm nach.

DIE HÖFLINGE: Helligkeit, Frühling, des Winters Tod, Freiheit, Friede, Licht und Freundlich-

keit. Aus dem Boden schießen Lilien, Hyazin-
then und Anemonen hervor.

Adschib und Gharib schieben die immer schwerer ge-
wordene Kiste heran.

ADSCHIB UND GHARIB: Lieber Herr Vater, Exzellenz,
wir haben hier auch noch eine weitere kleine
Überraschung für Euch.

DER ALTE MANN: Ach ja? Und um was handelt es sich?

ADSCHIB UND GHARIB: Nach allem, was wir von den
Händlern wissen, die uns die Schachtel überlassen haben, handelt es sich um eine wertvolle
Maschine aus Matandoni, die künstliche Musik
machen kann und ähnliche Zauberdinge. Man
braucht nur dreimal das Passwort zu sagen, und
schon beginnt das kuriose Spiel.

DER ALTE MANN: Bitte das Passwort.

ADSCHIB: Habari mzuri!

GHARIB: Habari mzuri!!

BEIDE: Habari mzuri!!!

Mit einem lauten Knall öffnet sich die Kiste. Ein mit
einer Bratpfanne bewaffneter Gnom springt heraus
und hüpft auf das Brüderpaar zu: Er ist im Begriff,
die Pfanne auf den Köpfen der Kriminellen zu zer-
schmettern. Nun kommt ein Tubist mit einer großen
Tuba und droht, Adschib und/oder Gharib ins Innere
des Instruments verschwinden zu lassen. Die Musik
wird lauter und lauter, und es erscheint ein drittes
Wesen: Es hat eine riesige Mistforke dabei und ver-
sucht, die Bösewichter gewaltsam damit aufzuspie-

225

ßen. Die Mordbuben werden von der Musik (des Or-
chesters) geprügelt, getreten, gedemütigt.
Es geht ihnen an den Kragen.

ADSCHIB: Aufhören! Bitte aufhören! Sofort!

GHARIB: Wir haben nichts verbrochen! Sind unschuldig!

ADSCHIB: Wir haben nur das zweite Passwort verloren!

GHARIB: Vergessen, nie besessen!

ADSCHIB *(zum Publikum im Saal)*:
Wie ging bloß das zweite Passwort noch?

GHARIB: Wir haben es nie gekannt!

BEIDE: Wir sind verloren!
(zu den Höflingen) Hilfe, ihr
Leute!

BEIDE *(durcheinander)*:
Ai, wie es schmerzt!
Ja, es schmerzt wie Nesselhem-
den!
Schlimmer als Peitschen
Eiserne Jungfraun
des Löwen Zahn
Pressbohrmaschinen
Hornissen
Skorpione
Ai, wie das schmerzet
und brennt!

DER ALTE MANN: Was geschieht
mit meinen Söhnen? Sollten sie
schuldig sein? Als Lügner, Mör-
der? Und meine Söhne total verkommen? Hab ich wohl zu Recht
vernommen? Muss ich mich
schämen, nicht nur grämen?
Ach, habe ich es doch immer und
nimmer geahnt?

HÖFLINGE:
Pest, pest, pest, pestaggio!
Böse Wichte!
Tutnichtgute!
Schmutzgelichter!
Violini da culo,
Adschedepé,
hinterfotzig,
verwerflich und trotzig,
frech und protzig
flagelli ai Drecksfratelli!

(b)
Im Augenblick, da das Chaos überhand zu nehmen
scheint und die Strafaktionen unsere bösen Burschen
umzubringen drohen, treten Hand in Hand Kasim
und Badi'at in den Saal. Alles erstarrt.

226

KASIM: Schoulim!

BADI'AT: Schoulim!

BEIDE: Schoulim!

Vater und Sohn gehen langsam aufeinander zu. Lange, wortlose Umarmung. Dann weist Kasim auf das Mädchen – der Alte geht auf Badi'at zu und begrüßt sie, heißt sie willkommen, küsst ihr die Hände. Die Gnomen verschwinden in der Kiste. Dann winkt der Alte zwei Schergen herbei.

Dialog

DER ALTE MANN: Die beiden Monstren, die hier am Boden lungern, sind meine Söhne nicht mehr. Hängt sie an den nächsten Mast oder werft sie in den alles verschlingenden Ozean.

BADI'AT UND KASIM: Lieber Vater, lasst sie doch leben! Bedenkt, wir sind Blutsverwandte!

DER ALTE MANN: Wie, wollt ihr ihnen denn verzeihen?

BADI'AT UND KASIM: Aber ja doch! Mit Freuden! Eine Amnestie zur Feier unserer Hochzeit!

DER ALTE MANN: Und was soll mit ihnen geschehn?

KASIM: Ganz einfach: sie müssen Manda unverzüglich verlassen, die Wunderkiste mitnehmen und ihrem Eigentümer zurückbringen, dem namenlosen Diktator von Matandoni, was sich beschwerlich genug anlassen wird.

DER ALTE MANN UND BADI'AT: Aber dann?

KASIM: Aber dann werden sie in zwei ferne, weit auseinander liegende Provinzialhauptstädte verbannt. Dort werden sie zeitlebens freiwillig und unter tatkräftig persönlicher Mitarbeit dem kommunalen Kloakenwesen vorstehen, der Ordnung und Durchführung von Auffang und Abfuhr.

DER ALTE MANN: Ich verstehe: Unrat besudelt mit Unrat. Ja, das gefällt mir. Wie klug du bist, lieber Kasim. *(zum Büttel:)* Nun aber endlich aus meinen Augen mit den Hundesöhnen.

Adschib und Gharib schleppen die Kiste hinaus.

DIE HÖFLINGE: Fort mit dem Mörderpack! Armleuchter! Patatrac! Drecksäu verdummet, auf ewig verstummet.

DER ALTE MANN: Und morgen soll Hochzeit sein!

KASIM: Morgen, da kann ich leider nicht, morgen, da muss ich zum Großen Tor reiten und muss meinen Dämon treffen, muss ihm (wie versprochen) den Apfel vom Baum des Lebens hintragen. Aber ich komme gleich zurück! Seid ihr so gut, zu warten – es wird nicht lange dauern.

Al Kasim küsst Badi'at und seinen Vater, verbeugt sich und geht.

♫ Verwandlung

11. Tableau

Die blaue Stunde

Der alte Mann und Badi'at, welche die goldene Feder in ihren Händen hält, sitzen oben auf dem Turm und schauen dem Kamelreiter nach, der immer kleiner zu werden scheint, bis alle drei im Abendlicht ver-schwunden sind.[1]

---

[1] © Mit freundlicher Genehmigung *Edition Wilhelm Hansen* Hamburg, Administration: *Internationale Musikverlage Hans Sikorski*, Hamburg

ERGEBENHEITSADRESSE

Hellmut Freund, Jens Brockmeier, Emanuel Schika-
neder, Thomas Mann, Stefan George, William Beck-
ford und besonders Clemens Wolken haben als Anreger, Rat- und Zitatengeber bei der Entstehung dieses
Librettos freundschaftlich geholfen und mich dadurch zu großem Dank verpflichtet.